Cymraeg
i'r Teulu

CBAC
WJEC

**Blwyddyn 2
Unedau 31 - 60**

Fersiwn y De
South Wales Version

Cwrs Cymraeg safon dechreuwyr i rieni
sydd am ddefnyddio'r Gymraeg â'u plant.
*A beginners' level Welsh course for parents
who want to use Welsh with their children.*

**Owen Saer
Pam Evans-Hughes**

Rhagair
Foreword

This is the second of two Welsh for the Family coursebooks at Entry Level, designed for parents who want to learn to speak Welsh with children of Foundation Phase age (up to 7 years old). There are north Wales and south Wales versions of the course, and the following items are available for purchase:

■ Coursebook (part 2)
■ Homework / Activity book (part 2)
■ CD (part 2)
■ Small picture cards (parts 1 and 2)
■ Board games pack (parts 1 and 2)
■ A4 flashcards for tutors (parts 1 and 2)

Book 2 is structured in the same way as Book 1, with 30 units containing new language patterns, structure notes, activities for use in class and at home with children, song, dialogue and vocabulary for the following unit. Every seventh unit is a revision unit. As in Book 1, you will find:

■ Tables summing up language structures that have been covered
■ Thematic vocabulary banks (parts of the body, travel and holidays, town)
■ Reading passages to read in class and / or with your children
■ Practice activities marked with the logo A, which count as evidence that you are able to use the structures and vocabulary learnt.

At the end of this course, you will be ready to sit the WJEC **Defnyddio'r Gymraeg: Mynediad** examination (Using Welsh: Entry Level) if you wish. From unit 45 onwards, each part of the examination is introduced, and practice activities are included to help you prepare.

Your learning experience

Now that you are halfway through Entry Level, you may like to take a moment to consider your progress and other aspects of your learning experience so far. The following questions may be useful.

1. When and how often do you study?
   □ never
   □ maybe once or twice a week if you remember
   □ every day at a set time
   □ every moment you can spare (such as when waiting for your child after school)

2. Do you take charge of your own learning, or rely heavily on the book and / or your tutor for direction?

3. What is your learning style? Do you write notes, make flashcards, or keep all learning materials together in a file? Are you prepared to guess words you don't know? Are you laid back or anxious in your approach? Are you highly organised or organise randomly? Do you laugh a lot when using Welsh? Do you ask a lot of questions, or just go with the flow?

4. How often do you revise what you have learnt? Do you look over only recent work, or also work covered a while back?

5. Have you used any of the ideas listed under *Some practical tips* at the beginning of Book 1? Did they work for you?

6. How often do you listen to the course CD? What effect does it have on your learning?

7. Do you do the homework in the activity book? Do you feel it is helping your progress?

8. How do you learn vocabulary? What tips would you offer other learners?

9. Which parts of the learning do you enjoy most and least? Do you find pronunciation, grammar, reading and learning vocabulary easy, or difficult?

10. Do you read with your child? If so, do you read stories from the coursebook, or children's books? How helpful is that experience for you and your child?

11. Do you make use of Welsh-language resources on the internet at all (alone or with your child)? Is this helpful and enjoyable?

12. Do you get together with other students, phone or e-mail to study together and support each other during the week or during holidays?

13. How often do you use Welsh with your child (or with other people outside class)? How do you use the language: using phrases you know at mealtimes and so on, playing games, singing songs?

14. Have you attended any events (with or without the children) which give you the opportunity to use Welsh?

15. At this point, how do you *feel* about your learning? Bearing in mind the above questions, is there any way you can improve the experience or boost your learning?

As always, speak plenty of Welsh with your children and have fun!

Pob hwyl gyda'r cwrs!
All the best with the course!

Cwrs Cymraeg i'r Teulu

Cyhoeddwyd gan CBAC
Noddwyd gan Lywodraeth Cymru

Cymraeg i Oedolion, CBAC
245 Rhodfa'r Gorllewin, Caerdydd CF5 2YX

Argraffwyd gan Wasg Gomer

Argraffiad cyntaf 2012
ISBN 978-1-86085-673-0
© Hawlfraint: CBAC 2012

Cedwir pob hawl. Ni chaniateir atgynhyrchu unrhyw ran o'r cyhoeddiad na'i chadw mewn cyfundrefn adferadwy, na'i throsglwyddo mewn unrhyw ddull, na thrwy unrhyw gyfrwng electronig, mecanyddol, recordio nac fel arall, heb ganiatâd ymlaen llaw gan berchennog yr hawlfraint.

I gael rhagor o wybodaeth am adnoddau eraill ar gyfer Cymraeg i'r Teulu, cysylltwch â:
Cymraeg i Oedolion,
CBAC, 245 Rhodfa'r Gorllewin, Caerdydd CF5 2YX
cymraegioedolion@cbac.co.uk

Welsh for the Family course

Published by WJEC
Sponsored by the Welsh Government

Welsh for Adults, WJEC
245 Western Avenue, Cardiff CF5 2YX

Printed by Gomer Press

First impression 2012
ISBN 978-1-86085-673-0
© Copyright: WJEC 2012

All rights reserved. No part of this book may be reproduced, stored in a retrieval system, or transmitted, in any form or by any means, electronic, mechanical, recording or otherwise, without clearance from the copyright holder.

For more information about other Welsh for the Family resources, contact:
Welsh for Adults
WJEC, 245 Western Avenue, Cardiff CF5 2YX
welshforadults@wjec.co.uk

Cydnabyddiaeth
Acknowledgements

Awduron: *Authors:*	Owen Saer a Pam Evans-Hughes
Rheolwr y project: *Project Manager:*	Emyr Davies
Golygydd: *Editor:*	Mandi Morse
Dylunydd: *Designer:*	Olwen Fowler
Arlunydd: *Illustrator:*	Brett Breckon

Diolch i'r tiwtoriaid fu'n peilota'r cwrs a phanel monitro Cymraeg i'r Teulu.
The publishers wish to thank the tutors who piloted the course and the Welsh for the Family monitoring panel.

Diolch hefyd i:
Thanks also to:

Cymdeithas Alawon Gwerin Cymru, yr Urdd, Mudiad Ysgolion Meithrin, Mentrau Iaith Cymru, TWF, teulu Lewis Valentine.

Ffotograffau / *Photographs*:
iClipart, shutterstock, Olwen Fowler

Cynnwys
Contents

Themâu: amrywiol
Themes: various

Content:

- *general conversation*
- *revision*

 ### Dod i nabod pobl
Getting to know people

What questions do you need to ask to get the following information? Ask three people, and fill in the grid.

enw			
byw			
teulu			
enw plentyn/plant			
cyfeiriad e-bost			
hoffi gwneud			

 ### Gwyliau
Read the dialogue, then make up your own.

Wyt ti wedi bod ar wyliau dros yr haf?

Ydw!

I ble?

I Lanzarote

Sut?

Mewn awyren

Gyda phwy?

Gyda'r wraig a'r plant

Pryd?

Ym mis Awst

Beth wnest ti?

Bwyta, nofio a mwynhau!

Beth gest ti i fwyta?

Bwyd y môr bob dydd

Gwaith

Beth yw'r bobl hyn?
Beth maen nhw'n wneud?
Ble maen nhw'n gweithio?
Wyt ti'n gweithio? Os wyt ti,
beth wyt ti'n wneud, a ble?
Beth mae dy blant eisiau
wneud ar ôl tyfu? *(after
growing up)*

Lliwiau,
siapiau a rhifo

Beth wyt ti'n weld yn y bocs?
Faint wyt ti'n weld?
Pa liw ydyn nhw?
Oes ci yn y bocs?

Y tywydd

Sut mae'r tywydd yn y lluniau?
Sut mae'r tywydd heddiw?

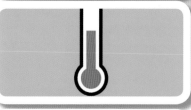 

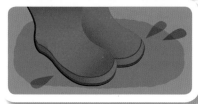 

Diddordebau
Interests

Mae Gwen yn hoffi chwarae pêl-droed yn ei hamser sbâr. Mae hi'n chwarae yn y clwb gyda'r tîm merched bob nos Wener. Mae plant gyda Gwen, ond dyn nhw ddim yn hoffi pêl-droed. Maen nhw'n hoffi tennis a rygbi.

Beth wyt ti'n hoffi wneud
yn dy amser sbâr?
Ble?
Gyda phwy?
Beth am y plant?
Beth maen nhw'n
hoffi wneud?

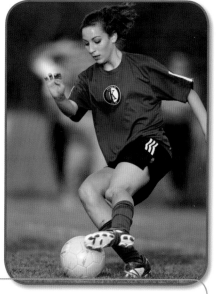

coginio	chwaraeon tîm	dysgu Cymraeg	cerdded
origami	mynd i'r parc	cadw anifeiliaid	peintio
darllen	canu mewn côr	siopa	cadw'n heini
dawnsio	gwylio'r teledu	chwarae cuddio	rhedeg
nofio	mynd i barti	pysgota	bwyta allan
lliwio	ysgrifennu	sgïo	garddio

 Cân Ar hyd y nos (traddodiadol)

Holl amrantau'r sêr ddywedant
Ar hyd y nos;
Dyma'r ffordd i fro gogoniant
Ar hyd y nos.
Golau arall yw tywyllwch
I arddangos gwir brydferthwch;
Teulu'r nefoedd mewn tawelwch
Ar hyd y nos.

O mor siriol gwena seren
Ar hyd y nos;
I oleuo'i chwaer ddaearen
Ar hyd y nos.
Nos yw henaint pan ddaw cystudd
Ond i harddu dyn a'i hwyrddydd
Rhown ein golau gwan i'n gilydd
Ar hyd y nos.

Geirfa Uned 32

unarddeg	*eleven (o'clock)*
deuddeg	*twelve (o'clock)*
hanner dydd	*midday*
hanner nos	*midnight*
awr	*hour*
chwarter	*quarter*
hanner	*half*
munud	*minute*
dihuno / deffro	*to wake up (deffro is more formal)*
gollwng	*to drop (off)*
mynd â / ag	*to take (someone or something somewhere)*
recordio	*to record*
pam?	*why?*

9

Content:

- *expressing the time*

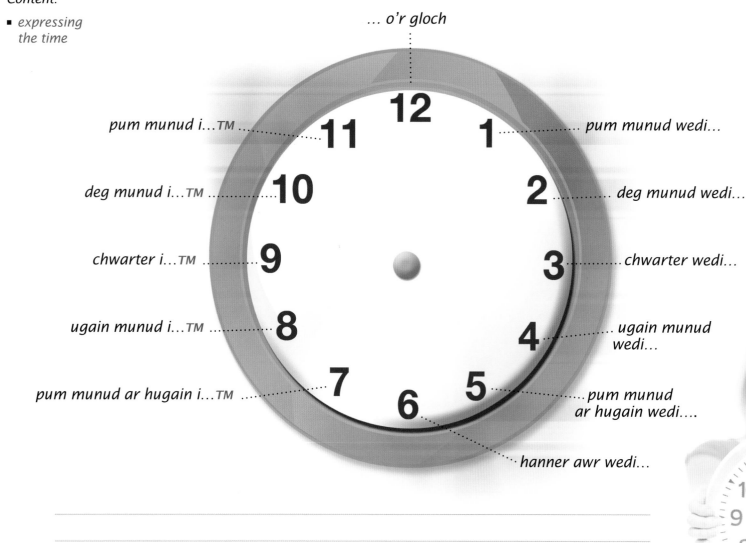

... o'r gloch

pum munud i...TM

deg munud i...TM

chwarter i...TM

ugain munud i...TM

pum munud ar hugain i...TM

pum munud wedi...

deg munud wedi...

chwarter wedi...

ugain munud wedi...

pum munud ar hugain wedi....

hanner awr wedi...

1.

2:00	Mae hi'n **dd**au o'r gloch		
2:05	Mae hi'n **b**um munud wedi dau	2:35	Mae hi'n **b**um munud ar hugain i **d**ri
2:10	Mae hi'n **dd**eg munud wedi dau	2:40	Mae hi'n ugain munud i **d**ri
2:15	Mae hi'n chwarter wedi dau	2:45	Mae hi'n chwarter i **d**ri
2:20	Mae hi'n ugain munud wedi dau	2:50	Mae hi'n **dd**eg munud i **d**ri
2:25	Mae hi'n **b**um munud ar hugain wedi dau	2:55	Mae hi'n **b**um munud i **d**ri
2:30	Mae hi'n hanner awr wedi dau		
wedi		**i + Treiglad Meddal**	

Ymarfer

Point at the clocks, ask and answer with your partner. Swap each time.

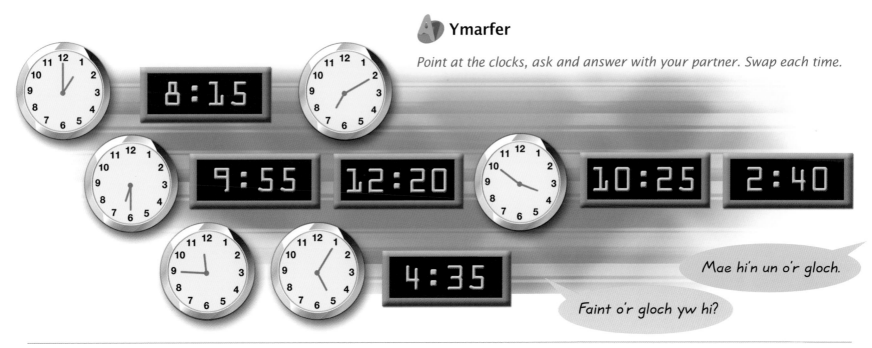

Mae hi'n un o'r gloch.

Faint o'r gloch yw hi?

nodiadau

■ *Treiglad Meddal* is needed after *Mae'n* and *i* but not after *wedi*

■ *Mae hi'n* is usually shortened to *Mae'n*

■ *Awr* is needed after *hanner*, but not after *chwarter*

■ *Pum munud wedi / i* and *deg munud wedi / i*: always include the word *munud*

2.

Dw i'n codi am saith o'r gloch	*I get up at seven o'clock*
Dw i'n dihuno'r plant am hanner awr wedi saith	*I wake the children at half past seven*
Dw i'n gollwng y plant am chwarter wedi wyth	*I drop off the children at quarter past eight*
Dw i'n codi'r plant am ddeg munud wedi tri	*I pick up the children at ten past three*

3.

Am faint o'r gloch wyt ti'n codi?	*At what time do you get up?*
Am faint o'r gloch wyt ti'n mynd â Lee i'r clwb?	*At what time do you take Lee to the club?*
Am faint o'r gloch dych chi'n cael swper?	*At what time do you have supper?*
Am faint o'r gloch mae'r plant yn mynd i'r gwely?	*At what time do the children go to bed?*

Ymarfer

a. Ask your partner what time he / she does the things in the pictures. Think of two extra questions.

b. What time do your family members or friends do various things each day?
   Write some sentences, and read them out to your partner.

1 _____

2 _____

3 _____

4 _____

---

nodiadau   ■ In Block 3, *Am* can be omitted without changing the meaning (like 'At' in the English sentences)

■ Like *Mae'n* and *i*, *am* is followed by a *Treiglad Meddal*. Mae'n **d**ri o'r gloch. Am **d**ri o'r gloch.

Deialog

Mae'n amser te

Rhiant: **Elis**! Wyt ti'n barod? Mae'n **hanner awr wedi pedwar**.

Plentyn: Pam? Ble dyn ni'n mynd?

Rhiant: Dwyt ti ddim yn cofio? Mae **jiwdo** gyda ti am bump.

Plentyn: Ond mae *Superwarriors* ar y teledu am **chwarter wedi**.

Rhiant: Paid poeni, cariad. Mae **Anti Gwladys** wedi recordio hi.

Plentyn: O, popeth yn iawn, 'te. Ble mae fy esgidiau i?

 Cân Faint o'r gloch yw hi?

Faint o'r gloch yw hi? Faint o'r gloch yw hi?
Un o'r gloch, mae'n **un** o'r gloch.
Dau o'r gloch, mae'n **ddau** o'r gloch.
_____
Deuddeg o'r gloch, mae'n **ddeuddeg** o'r gloch.

Geirfa Uned 33

balŵn	*balloon*
cymydog	*neighbour*
cymdogion	*neighbours*
deintydd	*dentist*
desg	*desk*
geiriadur	*dictionary*
gwesty	*hotel*
pensiliau lliw	*colour pencils*
bochdew	*hamster*
dolffin	*dolphin*
gafr	*goat*
gorila	*gorilla*
parot	*parrot*
teigr	*tiger*
chwilio am	*to look for*

Ble mae fy mharot i?

Where's my parrot?

Themâu: y cartref, y teulu, anifeiliaid
Themes: home, family, animals

Content:

- *saying 'my'*
  (the possessive)

1.

Pêl	Dyma fy **mh**êl i	*Here's my ball*
Trên	Dyma fy **nh**rên i	*Here's my train*
Car	Dyma fy **ngh**ar i	*Here's my car*
Balŵn	Dyma fy **m**alŵn i	*Here's my balloon*
Doli	Dyma fy **n**oli i	*Here's my dolly*
Gorila	Dyma fy **ng**orila i	*Here's my gorilla*

2.

P	Ble mae fy **mh**arot i?	*Where's my parrot?*
T	Ble mae fy **nh**eigr i?	*Where's my tiger?*
C	Ble mae fy **ngh**i i?	*Where's my dog?*
B	Wyt ti wedi gweld fy **m**ochdew i?	*Have you seen my hamster?*
D	Wyt ti wedi gweld fy **n**olffin i?	*Have you seen my dolphin?*
G	Wyt ti wedi gweld fy **ng**afr i?	*Have you seen my goat?*

3.

P	Dw i'n ffonio fy **mh**artner	*I'm phoning my partner*
T	Dw i'n ffonio fy **nh**ad	*I'm phoning my father*
C	Dw i'n ffonio fy **ngh**ariad	*I'm phoning my girlfriend / boyfriend*
B	Dw i'n chwilio am fy **m**rawd	*I'm looking for my brother*
D	Dw i'n chwilio am fy **n**eintydd	*I'm looking for my dentist*
G	Dw i'n chwilio am fy **ng**ŵr	*I'm looking for my husband*

Treiglad Trwynol
Nasal Mutation

P	→	Mh	B	→	M
T	→	Nh	D	→	N
C	→	Ngh	G	→	Ng

nodiadau

- This is the third (and last) mutation
- *P, T, C* all have a **h** after mutating; *B, D, G* have no **h**

Ymarfer

Dilynwch yr esiamplau

a.
> Ble mae dy **bêl** di?
>
> Dyma fy **mhêl** i

b.
> Wyt ti wedi gweld fy **nghi** i?
>
> Ydw. Dyma dy **gi** di

c.
> Beth wyt ti'n wneud?
>
> Dw i'n chwilio am fy **mrawd**

plentyn

tŷ

car

brechdanau

doctor

gwesty

bws

desg

gwaith cartref

pennaeth

tiwtor

cymydog

pensiliau lliw

tocyn

camera

bag

dillad ysgol

geiriadur

4.

Rebeca Little yw fy enw i	*Rebeca Little is my name*
760497 yw fy rhif ffôn i	*760497 is my phone number*
16 Stryd Harvey yw fy **ngh**yfeiriad i	*16 Harvey Street is my address*
Cath Williams yw enw fy **nh**iwtor i	*Cath Williams is the name of my tutor*
Elin a Gethin yw enwau fy **mh**lant i	*Elin and Gethin are the names of my children*

Rebeca Little
yw fy enw i.

Beth yw dy enw di?
Beth yw'ch enw chi?

Ymarfer

Beth yw'r cwestiynau?

Holwch bedwar person,
a llenwch y grid.

enw	rhif ffôn	cyfeiriad	enw tiwtor	enw plentyn / enwau plant
Rebeca Little	760497	16 Stryd Harvey	Cath Williams	Elin a Gethin

Deialog

Mae Mei yn mynd i chwarae tennis heddiw

Plentyn: Reit 'te, dw i'n mynd nawr. Ble mae fy **mag** i?

Rhiant: Ar bwys dy **got** di.

Plentyn: Nage ddim. Mae fy **nghot** i gyda fi.

Rhiant: Wyt ti wedi edrych yn dy **gwpwrdd**?

Plentyn: Does dim byd yn fy **nghwpwrdd** i.

Rhiant: A! Dyna fe **ar y soffa**.

 Cân **Cysga di, fy mhlentyn tlws** (traddodiadol)

Cysga di, fy mhlentyn tlws,

Wedi cau a chloi y drws,

Cysga di, fy mhlentyn tlws,

Cei gysgu tan y bore, cei gysgu tan y bore.

Geirfa Uned 34

cwningen	*rabbit*
dafad	*sheep*
iâr	*hen*
mochyn	*pig*
pryfed	*flies, insects*
afon	*river*
caets	*cage*
cwt	*hut, coop*
mynydd	*mountain*
nyth	*nest*
stabl	*stable*
twlc	*pigsty*
twll	*hole*
grawn	*grain*
letys	*lettuce*
porfa	*grass*
byw	*to live*
cicio	*to kick*
dodwy wyau	*to lay eggs*
gwneud sŵn	*to make a noise*
hedfan	*to fly*
annwyl	*dear, cute*

Mae mochyn yn byw mewn twlc

A pig lives in a pigsty

Thema: anifeiliaid
Theme: animals

Content:

- animals
- where animals live, what they can do, what they eat
- where people live

1.

Mae mochyn yn byw mewn twlc	*A pig lives in a pigsty*
Mae llygoden yn byw mewn twll	*A mouse lives in a hole*
Mae aderyn yn byw mewn nyth	*A bird lives in a nest*
Mae pysgodyn yn byw yn yr afon	*A fish lives in the river*

2.

Ble mae dafad yn byw?	*Where does a sheep live?*
Ble mae iâr yn byw?	*Where does a hen live?*
Ble mae cwningen yn byw?	*Where does a rabbit live?*
Ble mae ceffyl yn byw?	*Where does a horse live?*

3.

Mae ceffyl yn gallu rhedeg	*A horse can run*
Mae pysgodyn yn gallu nofio	*A fish can swim*
Mae aderyn yn gallu canu	*A bird can sing*
Mae iâr yn gallu dodwy wyau	*A hen can lay eggs*

4.

Ydy cwningen yn byw mewn twll?	*Does a rabbit live in a hole?*
Ydy aderyn yn byw mewn stabl?	*Does a bird live in a stable?*
Ydy dafad yn gallu nofio?	*Can a sheep swim?*
Ydy cwningen yn gallu gwneud sŵn?	*Can a rabbit make a noise?*
Ydy ceffyl yn bwyta afalau?	*Does a horse eat apples?*
Ydy pysgodyn yn bwyta caws?	*Does a fish eat cheese?*

Ymarfer

a. Ble maen nhw'n byw? Defnyddiwch batrymau 1, 2 a 4.

b. Beth maen nhw'n gallu wneud? Defnyddiwch batrymau 3 a 4.

rhedeg   nofio   neidio   hedfan

gwneud sŵn   cicio   dodwy wyau

c. Beth maen nhw'n fwyta?

Ydy cwningen yn bwyta pryfed?

Na'dy. Mae cwningen yn bwyta porfa.

porfa   pryfed   afalau

grawn   letys   caws

5.

P	Dw i'n byw ym **Mh**ontypridd	*I live in Pontypridd*
T	Dw i'n byw yn **Nh**on-du	*I live in Ton-du*
C	Dw i'n byw yng **Ngh**aerllion	*I live in Caerleon*
B	Dw i'n gweithio ym **M**argoed	*I work in Bargoed*
D	Dw i'n gweithio yn **N**inas Powys	*I work in Dinas Powys*
G	Dw i'n gweithio yng **Ng**wynedd	*I work in Gwynedd*

6.

Ble wyt ti'n byw?	*Where do you live?*
Ble wyt ti'n gweithio?	*Where do you work?*
Ble wyt ti'n siopa?	*Where do you shop?*

Ymarfer

a. Holwch eich partner. Defnyddiwch batrymau 5 a 6, a'r lleoedd ar y map.

b. Holwch bedwar person, a llenwch y grid.

enw	byw	gweithio	siopa

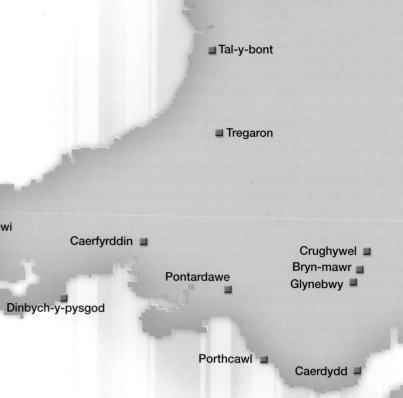

Deialog

Mae Dad* a Sam yn y farchnad *(market)*.
Mae Sam eisiau cwningen anwes, ond dyw
Dad ddim yn siŵr.

Plentyn: O, edrycha, **Dad**! Mae hi mor annwyl.

Rhiant: Mae hi'n annwyl, ydy…

Plentyn: Ga' i **gwningen frown**, **Dad**? Plîs? Dw i eisiau hi.

Rhiant: Wel, pwy sy'n mynd i roi bwyd i'r **gwningen frown** 'ma?

Plentyn: **Ti**, wrth gwrs. A **Mam**.

Rhiant: Dyna'r broblem. A ble mae **hi**'n mynd i fyw?

Plentyn: **Mewn caets yn yr ardd**.

Rhiant: Mmm…

*neu Mam

 Cân **Ble mae defaid yn byw?**

Ble mae **defaid** yn byw?	(mê! mê!)
Ble mae **defaid** yn byw?	(mê! mê!)
Mae **defaid** yn byw **ar y mynydd**,	
Dyna ble mae **defaid** yn byw.	(mê! mê!)

2. pysgod	yn yr afon	(swish! swish!)
3. moch	mewn twlc	(soch! soch!)
4. adar	mewn nyth	(twît! twît!)
5. llygod	mewn twll	(î! î!)

Geirfa Uned 35

annwyd	*a cold*
bola	*stomach*
cefn	*back*
clust	*ear*
ffliw	*'flu*
gwres	*temperature*
llwnc	*throat*
mêl	*honey*
pen	*head*
peswch	*cough*
troed	*foot*
y ddannoedd	*toothache*
y frech goch	*measles*
sâl	*ill, sick*
tost	*ill, painful*
bod	*to be (wrong)*
cymryd	*to take (tablets etc)*
holi	*to ask, to enquire*
teimlo	*to feel*
brysia wella	*get well soon*
druan â ti	*poor you*

Beth sy'n bod arnat ti?

What's the matter with you?

Themâu: y corff a salwch
Themes: the body and illnesses

Content:

- *illnesses*

1.

Mae pen tost gyda fi	*I've got a headache*
Mae llwnc tost gyda fi	*I've got a sore throat*
Mae bola tost gyda fi	*I've got stomachache*
Mae clust **d**ost gyda fi	*I've got earache*
Mae llaw **d**ost gyda fi	*I've got a sore hand*
Mae troed **d**ost gyda fi	*I've got a sore foot*

2.

Mae annwyd arna i	*I've got a cold*
Mae ffliw arna i	*I've got flu*
Mae'r ddannoedd arna i	*I've got toothache*
Mae peswch arnon ni	*We've got a cough*
Mae gwres arnon ni	*We've got a fever*
Mae'r frech goch arnon ni	*We've got measles*

3.

Ar	
Arna	i
Arnat	ti
Arno	fe
Arni	hi
Arnon	ni
Arnoch	chi
Arnyn	nhw

Beth sy'n bod?	*What's the matter?*
Beth sy'n bod ar Les?	*What's the matter with Les?*
Beth sy'n bod arnat ti?	*What's the matter with you?*
Beth sy'n bod arno fe?	*What's the matter with him?*
Beth sy'n bod arni hi?	*What's the matter with her?*
Beth sy'n bod arnoch chi?	*What's the matter with you?*
Beth sy'n bod arnyn nhw?	*What's the matter with them?*

nodiadau

■ When a part of the body is mentioned, use *gyda*. Otherwise, use *ar*

■ *Tost / dost*, according to the gender of the part of the body. Parts of the body which come in pairs are mostly feminine:

    dwy droed   *dwy glust*   *dwy law*

Ymarfer

Gweithiwch gyda'ch partner

Beth sy'n bod ar . . . ?

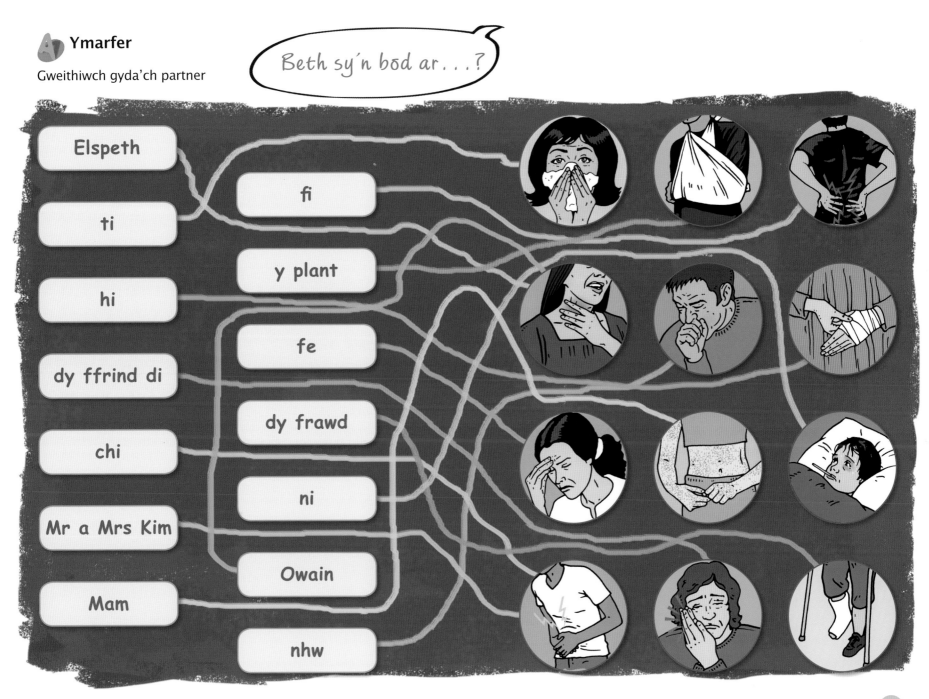

Elspeth

ti

hi

dy ffrind di

chi

Mr a Mrs Kim

Mam

fi

y plant

fe

dy frawd

ni

Owain

nhw

Ymarfer

Dilynwch yr esiampl.

> *Mae annwyd arna i heddiw*

> *Pam wyt ti'n mynd i'r gwely?*

mynd i'r gwely

yfed mêl a lemwn

mynd at y deintydd

ddim yn gallu mynd ar y beic

gwisgo sling

cymryd aspirin

ddim yn gallu ysgrifennu

ddim yn gallu mynd i'r ysgol

rhoi potel ddŵr poeth ar dy fola

cymryd *ibuprofen*

> *Druan â ti. Brysia wella!*

Darn darllen

Mae Sharon a Deiniol yn sâl heddiw, ac yn mynd at y meddyg gyda Dad. Dyn nhw ddim eisiau bwyta o gwbl, achos mae bola tost gyda nhw. Mae pen tost gyda Deiniol, ac mae llwnc tost gyda Sharon. Dyw Dad ddim yn gwybod beth sy'n bod.

"Sut dych chi'n teimlo, blant?" mae'r meddyg yn holi.

"Ofnadwy, Doctor Williams! Dyn ni eisiau mynd i'r gwely!" maen nhw'n ateb.

"Ydyn nhw'n bwyta'n iawn?" mae'r meddyg yn holi Dad.

"Nac ydyn, dim byd o gwbl," mae Dad yn ateb.

"Iawn, 'te. Mae'r ffliw arnoch chi, dw i'n meddwl. Cymrwch y tabledi hyn, ac ewch i'r gwely. Os dych chi ddim yn well yn y bore, dewch eto. Brysiwch wella."

"Diolch, Doctor Williams."

Yn y bore, dyw'r plant ddim yn teimlo'n well, ac mae dotiau coch arnyn nhw.

"O, na! Mae'r frech goch arnon ni! Dim ysgol heddiw, 'te."

---

nodiadau ■ If we go to see a person (rather than a place or a thing), we say *mynd at* (not *mynd i*).

mynd at y tiwtor   mynd at y meddyg   mynd at Robert

Deialog

Mae'n saith o'r gloch. Mae Mam* yn mynd
i mewn i'r ystafell wely i ddihuno Dan.

Rhiant: Dihuna, cariad bach. Mae'n amser codi.

Plentyn: Dw i ddim yn mynd i'r ysgol heddiw.

Rhiant: O! Oes **annwyd** arnat ti?

Plentyn: Nac oes.

Rhiant: Oes **llwnc tost** gyda ti?

Plentyn: Nac oes. Does dim byd yn bod arna i.

Rhiant: Wel, beth sy'n bod, 'te?

Plentyn: Dim byd. Does dim ysgol ar ddydd Sadwrn.

*neu Dad

 Cân **Beth sy'n bod arnat ti?**
Tôn: *Lawr ar Lan y Môr* (traddodiadol)

Beth sy'n bod arnat ti?
Mae **pen tost gyda fi**, **mae pen tost gyda fi**,
mae pen tost gyda fi.
Beth sy'n bod arnat ti?
Mae **pen tost gyda fi**, **mae pen tost gyda fi**.

2. y frech goch arna i

3. troed dost gyda fi

4. y ddannoedd arna i

Geirfa Uned 36

braich	arm
ceg	mouth
clustiau	ears
coes	leg
dant	tooth
llygad, llygaid	eye(s)
ysgwydd	shoulder
bandej	bandage
rownderi	rounders
agor	to open
brifo	to hurt
syrthio	to fall
torri	to break, to cut
troi	to turn, to stir
Bobol bach!	Goodness!
Esgyrn Dafydd!	Good grief!

Dw i wedi brifo fy nghoes!

I've hurt my leg!

Themâu: y corff a salwch
Themes: the body and illnesses

Content:

- *injuries*
- *possessives ('my', 'his', 'her')*

1.

	Dw i wedi brifo fy llaw	*I've hurt my hand*
P	Dw i wedi brifo fy **mh**en	*I've hurt my head*
T	Dw i wedi brifo fy **nh**rwyn	*I've hurt my nose*
C	Dw i wedi brifo fy **ngh**oes	*I've hurt my leg*

2.

	Dw i wedi torri fy ysgwydd	*I've broken my shoulder*
B	Dw i wedi torri fy **m**raich	*I've broken my arm*
D	Dw i wedi torri fy **n**ant	*I've broken my tooth*
G	Dw i wedi torri fy **ng**wallt	*I've cut my hair*

3.

Beth wyt ti wedi wneud i dy **l**aw?	*What have you done to your hand?*
Beth wyt ti wedi wneud i dy **b**en?	*What have you done to your head?*
Beth wyt ti wedi wneud i dy **d**rwyn?	*What have you done to your nose?*
Beth wyt ti wedi wneud i dy **g**oes?	*What have you done to your leg?*

nodiadau   ■ *Torri* can mean *to cut* as well as *to break*.

 **Ymarfer**

a. *Pretend that you have hurt some part of your body. Your partner must try to find out which part.*

> Wyt ti wedi brifo dy law?

> Na'dw. Dw i ddim wedi brifo fy llaw

b. *Choose one of the six people in the grid, and say something about him or her. Your partner must work out which person you are talking about.*

> Dyw e ddim wedi torri ei fraich

> Nage

> Mae e wedi torri ei droed

> Gerwyn yw e?

	Stacey	Siwan	Wayne	Gerwyn	Mary Lou	Carlos
pen	✔	✔	✘	✔	✘	✘
trwyn	✘	✘	✔	✘	✔	✔
dant	✔	✘	✘	✔	✔	✘
ysgwydd	✘	✘	✔	✔	✘	✔
braich	✔	✔	✘	✘	✔	✔
llaw	✘	✘	✔	✔	✘	✘
coes	✔	✔	✔	✘	✔	✔
troed	✘	✔	✘	✔	✘	✔
gwallt	✔	✘	✘	✔	✔	✘

4.

C	Dw i wedi gwneud fy **ngh**inio	*I've made my lunch*
G	Dw i ddim wedi gwneud fy **ng**wely	*I haven't made my bed*
T	Dw i wedi golchi fy **nh**raed	*I've washed my feet*
D	Dw i ddim wedi golchi fy **n**wylo	*I haven't washed my hands*
P	Dw i wedi colli fy **mh**ensiliau	*I've lost my pencils*
B	Dw i ddim wedi colli fy **m**ag	*I haven't lost my bag*

Ymarfer

Gwnewch frawddegau gyda'r geiriau yn y bocs a'r lluniau.

Dw i wedi gorffen fy mwyd

agor	colli	galw
glanhau	golchi	gorffen
gwneud	gwrando ar	mwynhau
tacluso	torri	troi

bag · brawd · bwyd · car · coffi · cryno ddisg

deintydd · dillad · dwylo · garej · gwaith cartref · gwallt

papur newydd · pen · potel · teisen · tiwtor · troed

Deialog

Mae Wyn wedi bod yn chwarae rownderi.
Mae bandej am ei goes.

Rhiant:	Esgyrn Dafydd! Beth wyt ti wedi wneud i dy **goes**?
Plentyn:	Dw i wedi bod yn **chwarae rownderi** a brifo fy **nghoes**.
Rhiant:	Wel, ydy **hi**'n brifo?
Plentyn:	Na'dy, ddim o gwbl. Ond mae fy **mraich** i'n brifo.
Rhiant:	Bobol bach! Beth wyt ti wedi wneud i dy **fraich**?
Plentyn:	**Syrthio bant o'r beic**.
Rhiant:	O, popeth yn iawn, 'te. Bant â ti i chwarae, nawr.

 Cân Pen, ysgwyddau, coesau, traed

(traddodiadol)

Pen, ysgwyddau, coesau, traed, coesau, traed,
Pen, ysgwyddau, coesau, traed, coesau, traed,
A chlustiau, llygaid, trwyn a cheg,
Pen, ysgwyddau, coesau, traed, coesau, traed.

Geirfa Uned 37

angen*	need
brwsh	brush
cae	field
eisiau bwyd*	hunger
ofn*	fear
peth	thing
syched*	thirst
trefn	order, sequence
dweud	to say
p'un? (pa un?)	which one?
cywir	correct
yn ddiweddar	recently

*These words, like annwyd etc, can be used with the pattern

Mae ... arna i:

Mae angen help arna i	I need help
Mae eisiau bwyd arna i	I'm hungry
Mae ofn arna i	I'm afraid
Mae syched arna i	I'm thirsty

Banc geirfa rhannau'r corff

Parts of the Body Bank

This list is for you to dip into as and when needed. There's no need to memorise these words at this stage.

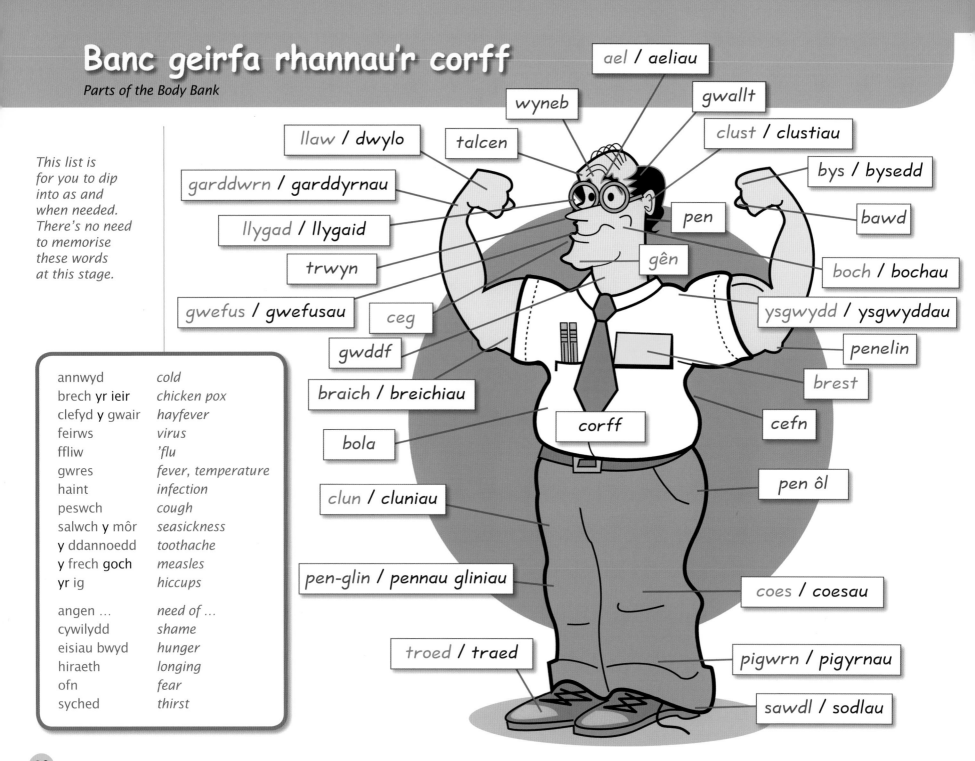

ael / aeliau

wyneb

gwallt

clust / clustiau

llaw / dwylo

talcen

bys / bysedd

garddwrn / garddyrnau

pen

bawd

llygad / llygaid

gên

boch / bochau

trwyn

ceg

ysgwydd / ysgwyddau

gwefus / gwefusau

penelin

gwddf

brest

braich / breichiau

cefn

corff

bola

pen ôl

clun / cluniau

pen-glin / pennau gliniau

coes / coesau

troed / traed

pigwrn / pigyrnau

sawdl / sodlau

annwyd	cold
brech **yr ieir**	chicken pox
clefyd **y** gwair	hayfever
feirws	virus
ffliw	'flu
gwres	fever, temperature
haint	infection
peswch	cough
salwch **y** môr	seasickness
y ddannoedd	toothache
y frech **goch**	measles
yr ig	hiccups
angen …	need of …
cywilydd	shame
eisiau bwyd	hunger
hiraeth	longing
ofn	fear
syched	thirst

Anagramau

Beth yw'r rhain?

drwdrang _____	lagwtl _____	ygranipu _____	alosud _____
sawugufe _____	odlyw _____	dafto _____	suculita _____
cnatel _____	dorte _____	dilygla _____	lenniep _____
bwney _____	daygwdusy _____	tresb _____	iachrubei _____

Darllen: Damwain Rheinallt ac Oswallt

Mae hi wedi bod yn bwrw glaw drwy'r bore, ond nawr mae hi'n heulog. Mae Rheinallt ac Oswallt eisiau mynd allan ar eu beiciau.

"Mam! Gawn ni fynd mas ar ein beiciau?"
"Na chewch, wir. Dim seiclo pan mae'r stryd yn wlyb. Dw i wedi dweud a dweud! Ewch i chwarae yn yr ardd."

Dyna'r ffôn yn canu, a Mam yn mynd i ateb. Dyw Rheinallt ac Oswallt ddim bob amser yn gwneud beth mae Mam yn ddweud. Allan â nhw yn gyflym drwy'r drws cefn, mewn i'r sied, ac allan ar eu beiciau.

"Edrych arna i! Dim dwylo! Wyt ti'n gallu gwneud hyn?"

Mae'r ddau yn mynd yn gyflym lawr y stryd. Yn sydyn, dyma gar yn dod rownd y gornel. Dyw Rheinallt ddim yn gallu stopio!

CRASH!!!

Dyw Oswallt ddim yn gallu stopio, chwaith.

CRASH!!!

"Bw, hw, hw!" mae'r bechgyn yn crïo. Ond O! Pwy sy'n gyrru'r car? Tad Rheinallt ac Oswallt! Mae pawb wedi cael sioc fawr.

"Fechgyn – dych chi'n iawn? Beth dych chi'n wneud? Pam dych chi'n seiclo, a'r stryd yn wlyb? A heb helmed, hefyd? Mae Mam a fi wedi dweud, a dweud, a DWEUD!"

Mae Rheinallt wedi torri ei fraich a brifo ei goes, ac mae Oswallt wedi brifo ei law a'i wyneb. Mae Dad yn mynd â nhw yn y car i'r ysbyty.

Mae'r fenyw wrth y ddesg yn gofyn llawer o gwestiynau.

"Beth yw eich enwau chi? Faint yw eich oedran chi? Ble dych chi'n byw? Beth dych chi wedi wneud, pryd, a sut?"

Mae'r bechgyn yn ateb y cwestiynau, ac yn eistedd gyda'u tad i aros am y meddyg. O'r diwedd, mae'r meddyg yn cyrraedd. Mae Oswallt yn cael bandejys, ac mae'r nyrs yn rhoi braich Rheinallt mewn plastr. Mae'r nyrs yn dweud: "Ewch i gael Calpol o siop Smith & Rawlings. A pheidiwch seiclo eto pan mae hi'n wlyb, cofiwch!"

Anagramau: atebion

breichiau
brest
ysgwyddau
wyneb
penelin
llygaid
troed
talcen
clustiau
tafod
dwylo
gwefusau
sodlau
pigyrnau
gwallt
gardd dwrn

Adolygu Unedau 29, 32 - 36
Revision of Units 29, 32 - 36

uned 29

1. Faint yw **dy** oedran **di**?
2. Mae e/hi'n **dair** oed
3. Ionawr, Chwefror, Mawrth…
4. Pryd mae **dy** ben-blwydd **di**?

uned 32

1. Faint o'r gloch yw hi?
2. Mae hi'n **dri o'r gloch**
3. **Dw i'n codi** am **hanner awr wedi saith**
4. Am faint o'r gloch **wyt ti'n cael brecwast**?

uned 33

1. Dyma fy **mhêl** i
2. Ble mae fy **nhad** i?
3. Dw i'n ffonio fy **nghariad**
4. **Rebeca Little** yw fy **enw** i

uned 34

1. Mae **mochyn** yn byw **mewn twlc**
2. Ble mae **cwningen** yn byw?
3. Mae **ceffyl** yn gallu **rhedeg**
4. Ydy **iâr** yn byw **mewn beudy**?
5. **Dw i'n byw yng Nghaerdydd**
6. Ble **wyt ti'n byw**?

uned 35

1. Mae **pen** tost gyda **fi**
2. Mae **annwyd arna i**
3. Beth sy'n bod **arnat ti**?

uned 36

1. Dw i wedi brifo fy **nghoes**
2. Dw i wedi torri fy **ysgwydd**
3. Beth wyt ti wedi wneud i dy **law**?
4. Dw i wedi **gwneud** fy **nghinio**

Gweithgareddau Adolygu

uned 29

a. Mae'r plant yn y lluniau'n 1, 2, 3 a 4 oed.
P'un yw p'un?

> Faint yw ei oedran e?

> Mae e'n 4 oed

1

4

2

3

b. Pryd mae pen-blwydd pobl yn eich dosbarth chi?
Holwch eich partner.

> Pryd mae pen-blwydd Maureen?

> Mae ei phen-blwydd hi yng Ngorffennaf

c. Beth am dy bartner, a'i deulu e / ei theulu hi?

uned 32

a. Faint o'r gloch yw hi?

b. Beth dych chi'n mynd i wneud fory, ac am faint o'r gloch?
Dwedwch 4 peth. Beth am eich plant chi? Dwedwch 4 peth.

uned 33

Pwyntiwch at y lluniau.
Holwch ac atebwch.

> Beth yw hwn?

> Dyna ty . . . i

uned 34

a. Atebwch y cwestiynau gyda brawddegau

1. Ble mae ceffyl yn byw?
2. Ble mae iâr yn byw?
3. Ydy mochyn yn byw mewn caets?
4. Ydy pysgodyn yn byw mewn twlc?
5. Pa anifeiliaid sy'n byw mewn twll?
6. Pa anifeiliaid sy'n byw mewn cae?

7. Beth mae llygoden yn fwyta?
8. Beth mae cwningen yn fwyta?
9. Ydy aderyn yn bwyta letys?
10. Ydy dafad yn bwyta caws?
11. Pa anifeiliaid sy'n bwyta porfa?
12. Pa anifeiliaid sy'n bwyta grawn?

13. Beth mae ci'n gallu wneud?
14. Beth mae iâr yn gallu wneud?
15. Ydy cath yn gallu nofio?
16. Ydy pysgodyn yn gallu gwneud sŵn?
17. Pa anifeiliaid sy'n gallu cicio?
18. Pa anifeiliaid sy'n gallu neidio?

b. Dilynwch yr esiampl.

> *Ble mae **Dylan** yn byw?*

> *Ble mae e'n gweithio?*

> *I ble mae e'n mynd heddiw?*

> *Mae e'n byw ym **Mhowys***

> *Mae e'n gweithio ym **Mhwllheli***

> *Mae e'n mynd i **Bontardawe***

Powys
Pwllheli
Pontardawe

Dylan

Tregarth
Tonypandy
Ton-teg

Nerys

Cricieth
Corwen
Cwm Ogwr

Mr a Mrs Smith

Boncath
Blaenafon
Bangor

y doctor

Dinas Powys
Dolgellau
Dinas

Marjorie

Gartholwg
Gwynedd
Glyn-taf

Malcolm

Porthmadog
Tredegar
Llangefni

Evelyn a Dafydd

Botwnnog
Dyffryn Teifi
Maentwrog

Lowri

uned 35

Dilynwch yr esiamplau. ✔ = positif ✘ = negyddol *(negative)* ? = cwestiwn

✔ bola tost   Carwyn   → *Mae bola tost gyda Carwyn*

✘ annwyd   hi   → *Does dim annwyd arni hi*

✔	ofn	ni
?	angen help	chi
✔	cefn tost	mam-gu
✘	peswch	fe
?	troed dost	y tiwtor
✘	syched	fi
✔	llwnc tost	y plant
✘	pen tost	neb
?	eisiau bwyd	ti
✔	ffliw	nhw

Geirfa Uned 38

canolfan hamdden	*leisure centre*
côr	*choir*
eglwys	*church*
meithrinfa	*nursery*
siop bapurau	*newsagent*
swyddfa bost	*post office*
traeth	*beach*
tre(f)	*town*
rhywun	*somebody*
bore ddoe	*yesterday morning*
drwy'r dydd	*all day*
echdoe	*the day before yesterday*
echnos	*the night before last*
(y) penwythnos diwetha(f)	*last weekend*
teithio	*to travel*

uned 36

a. Dilynwch yr esiampl.

Repeat until you run out of body parts to injure.

*Dw i wedi brifo fy **mhen***

*Mae e wedi brifo ei **ben** hefyd*
*Mae hi wedi brifo ei **phen** hefyd*

b. Llenwch y bylchau (tasg siarad).

Dw i wedi colli fy _____

Dw i ddim wedi glanhau fy _____

Wyt ti wedi golchi dy _____ eto?

Dyw Chris ddim yn mwynhau ei _____

Wyt ti'n gwrando ar dy _____?

Paid torri dy _____

Mae Rod yn gwneud ei _____

Ydy Brenda wedi agor ei _____?

Dwyt ti ddim wedi bwyta dy _____

Dw i'n tacluso fy _____ heno

Mae Penny'n ffonio ei _____

Ydy'r plant wedi gorffen eu _____?

Y Meddiannol: pob person
The Possessive: all persons

		fy ... (i) TT my	dy ... (di) TM your	ei ... (e) TM his	ei ... (hi) TLl her	ein ... (ni) our	eich ... (chi) your	eu ... (nhw) their
p	pen	**mh**en	**b**en	**b**en	**ph**en	pen	pen	pen
t	tad	**nh**ad	**d**ad	**d**ad	**th**ad	tad	tad	tad
c	car	**ngh**ar	**g**ar	**g**ar	**ch**ar	car	car	car
b	bag	**m**ag	**f**ag	**f**ag	bag	bag	bag	bag
d	dŵr	**n**ŵr	**dd**ŵr	**dd**ŵr	dŵr	dŵr	dŵr	dŵr
g	gardd	**ng**ardd	_ardd	_ardd	gardd	gardd	gardd	gardd
ll	llaw	llaw	**l**aw	**l**aw	llaw	llaw	llaw	llaw
m	mam	mam	**f**am	**f**am	mam	mam	mam	mam
rh	rhif	rhif	**r**if	**r**if	rhif	rhif	rhif	rhif

nodiadau ■ *fy* (my): Nasal Mutation   *dy* (your) + *ei* (his): Soft Mutation   *ei* (her): Aspirate Mutation

■ Coloured boxes in the table highlight the mutations. Words in white boxes do not mutate.

dechrau →

Faint yw oedran eich plant chi?

Cyfrwch 1-5 oed yn Gymraeg

Dwedwch y misoedd yn Gymraeg

Faint o'r gloch yw hi nawr?

Faint o'r gloch dych chi'n mynd i'r gwely heno?

Dwedwch faint o'r gloch dych chi'n gwneud tri pheth fory

Dwedwch ddau beth dych chi wedi colli yn ddiweddar (recently) (fy)

Dwedwch yn Gymraeg: my partner, my house, my soup, my food, my desk, my dictionary

Dwedwch yn Gymraeg: What have you done to your nose?

Trac adolygu

Beth yw'ch enw chi, a'ch rhif ffôn chi?

Say two body parts you've hurt and two you've broken

Beth yw enw eich tiwtor chi, ac enwau eich plant chi?

Rhowch y frawddeg yn y drefn gywir (correct order): goch heddiw ni frech mae'r arnon

Dwedwch yn Gymraeg: I've got earache I've got stomachache

Oes rhywbeth yn bod arnoch chi heddiw?

Beth mae ceffyl yn gallu wneud?

Ble mae dafad yn byw, a beth mae hi'n fwyta?

Enwch (name) wyth anifail

Ble est ti ddoe?

Where did you go yesterday?

Themâu: y dref, hamdden, teithio
Themes: town, leisure, travel

Content:

- *the past tense of* mynd *(to go)*

1.

Es i i'r siop	*I went to the shop*
Es i i'r **d**re	*I went to town*
Es i i'r **f**eithrinfa	*I went to the nursery*
Es i ddim i'r parc	*I didn't go to the park*
Es i ddim i'r gwaith	*I didn't go to work*
Es i ddim i'r ysgol	*I didn't go to school*

3.

Aeth Alys i nofio	*Alys went swimming*
Aeth Mam i siopa	*Mum went shopping*
Aeth Dad-cu i **b**ysgota	*Grandad went fishing*
Aeth Dad ddim allan	*Dad didn't go out*
Aeth y plant ddim i **r**edeg	*The children didn't go running*
Aeth neb i sglefrio	*Nobody went skating*

2.

Mynd

Es	i
Est	ti
Aeth	e/hi
Aethon	ni
Aethoch	chi
Aethon	nhw

Ble est ti heddiw?	*Where did you go today?*
Ble est ti ddoe?	*Where did you go yesterday?*
Ble aethoch chi neithiwr?	*Where did you go last night?*
Ble aethoch chi dydd Sadwrn?	*Where did you go on Saturday?*

nodiadau

■ *Es i i'r feithrinfa* – feminine noun mutates after *'r* (the)

■ *Es i i bysgota* – everything mutates after *i* (to)

■ To go swimming, to go running etc: *mynd i nofio, mynd i redeg.* The *i* must be included (and causes Treiglad Meddal).

Ymarfer

a. Dilynwch yr esiampl.
Newidiwch y geiriau trwm bob tro
(change the bold words each time).

> Ble est ti neithiwr?

> Es i i'r côr

b. *Decide where the people below went yesterday, and write their numbers next to the pictures above. Your partner has to say where he / she thinks they went.*

> Aeth Cadi i'r traeth ddoe

> Naddo. Aeth **hi** ddim i'r traeth. Trïa eto

1. Siw   2. George   3. Cadi   4. Beth ac Ed   5. y plant

4.

Aethon ni i **B**ontardawe	*We went to Pontardawe*
Aethon ni i **D**rimsaran	*We went to Trimsaran*
Aethon ni i **G**aerffili	*We went to Caerphilly*
Aethon nhw i **F**rynmenyn	*They went to Brynmenyn*
Aethon nhw i **Dd**oc Penfro	*They went to Pembroke Dock*
Aethon nhw i _Lan-y-fferi	*They went to Ferryside*
Aethon ni ddim i **L**angennech	*We didn't go to Llangennech*
Aethon ni ddim i **F**aenclochog	*We didn't go to Maenclochog*
Aethon nhw ddim i **R**ydowen	*They didn't go to Rhydowen*

5.

Est ti ar y bws?	*Did you go by bus?*
Aeth e ar y trên?	*Did he go by train?*
Aeth hi mewn tacsi?	*Did she go by taxi?*
Aethoch chi ar y beic?	*Did you go by bicycle?*
Aethon nhw ar long?	*Did they go by ship?*
Aeth rhywun mewn awyren?	*Did somebody go by plane?*
Do / Naddo	*Yes / No*
Sut est ti?	*How did you go?*

Ymarfer

a. Dilynwch yr esiampl, a gwnewch frawddegau.

✔ ni   Pontardawe   ddoe

> *Aethon ni i Bontardawe ddoe*

1. ✔   ni   Trimsaran   bore 'ma
2. ✗   ni   allan   drwy'r dydd
3. ?   chi   Brynmenyn   echdoe
4. ✔   nhw   Doc Penfro   yr wythnos diwetha
5. ?   nhw   Glan-y-fferi   dros y penwythnos
6. ✗   chi   Llangennech   echnos

b. Edrychwch ar y lluniau a'r enwau.
Cofiwch sut mae pawb yn teithio.
Mae eich partner yn cau'r llyfr. Holwch e / hi.

> *Aeth George ar y beic?*

> *Aeth e yn y car?*

> *Naddo. Aeth e ddim ar y beic*

Siw

George

Cadi

Beth ac Ed

y plant

Mam a Dad

Deialog

Mae'n amser te dydd Sadwrn, ac mae pawb wedi dod 'nôl i'r tŷ.

Rhiant: Helo, cariad. Ble est ti heddiw, 'te? Gest ti hwyl?

Plentyn: Do, diolch. Es i a **Sara** i'r **parc** a **bwyta hufen iâ**.

Rhiant: Do, wir? Dyna braf. Aethoch chi **ar y bws**?

Plentyn: Naddo. Aethon ni **ar ein beiciau**.

Rhiant: Syniad da. Aeth dy **fam** a fi i **siopa yn y dre**.

Plentyn: O! Dych chi wedi prynu rhywbeth neis i fi?

 ## Cân Ble est ti neithiwr?
Tôn: *Croen y Ddafad Felen* (traddodiadol)

Ble est ti neithiwr? Ble est ti neithiwr?
Es i i nofio, es i i nofio.
Ble est ti neithiwr? Ble est ti neithiwr?
Es i i nofio, es i i nofio.

2. Gareth   siopa
3. ti   rhedeg
4. Sioned   pysgota
5. ti   sglefrio

Geirfa Uned 39

hetiau papur	*paper hats*
selsig	*sausages*
swyddfa	*office*
paratoi	*to prepare*
(y bwyd) i gyd	*all of (the food)*

Gwnes i'r brecwast

I made the breakfast

Themâu: bwyd, y cartref, hamdden
Themes: food, home, leisure

Content:

- *the past tense
  of* gwneud
  (to do, to make)

1.

Gwnes i'r brecwast	*I made the breakfast*
Gwnes i'r gwelyau	*I made the beds*
Gwnes i'r glanhau	*I did the cleaning*
Gwnes i'r gwaith cartref	*I did the homework*

2.

Beth _wnest ti yn y dre?	*What did you do in town?*
Beth _wnest ti yn y parc?	*What did you do in the park?*
Beth _wnaethoch chi dros y penwythnos?	*What did you do over the weekend?*
Beth _wnaethoch chi ar eich gwyliau?	*What did you do on your holidays?*

3.

_Wnes i ddim brechdanau	*I didn't make sandwiches*
_Wnes i ddim teisen	*I didn't make a cake*
_Wnes i ddim cinio	*I didn't make lunch*
_Wnes i ddim byd	*I didn't make/do anything*

Gwneud

Gwnes	i
Gwnest	ti
Gwnaeth	e / hi
Gwnaethon	ni
Gwnaethoch	chi
Gwnaethon	nhw

nodiadau
■ *Gwnes i*: no mutation in positive sentences.
_*Wnes i ddim*: soft mutation in negative sentences

■ *Beth* is followed by a soft mutation

■ Certain mutations have been avoided in this unit. They will be dealt with in *Uned 40*.

 **Ymarfer**

a. Rhowch 4 ✔ a 4 ✘ wrth y lluniau. Wedyn, holwch eich partner.

> Wnest ti'r brechdanau?

> Do. Gwnes i'r brechdanau

> Naddo, wnes i ddim

b. Holwch eich partner. *Give as many answers as you can.*

> Beth wnest ti yn y ganolfan hamdden ddoe?

> Nofio gyda'r plant, cael paned, cwrdd â fy ffrindiau a mwynhau

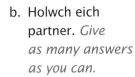

Barbara

Dyn ni wedi cael parti hyfryd! Gwnaeth Lena'r brechdanau, a gwnes i lemonêd. Gwnaeth Nic a Bryn hufen iâ, a gwnaethon nhw hetiau papur hefyd! Gwnaeth Liz jeli coch, a gwnaeth Maldwyn selsig bach

Ymarfer

a. Darllenwch am y parti.

b. Cuddiwch y testun. Dych chi'n cofio beth wnaeth Lena, Barbara, Nic a Bryn? Beth am Liz a Maldwyn?

c. *Ask your partner about the last party or meal they had:* beth wnaethon nhw? (Patrwm 6)

4.

Gwnaeth Lena swper	*Lena made supper*
Gwnaeth hi omled	*She made an omelette*
_Wnaeth Gerallt ddim salad	*Gerallt didn't make salad*
_Wnaeth e ddim lemonêd	*He didn't make lemonade*

5.

Gwnaethon ni'r llestri	*We did the dishes*
Gwnaethon nhw'r golch	*They did the washing*
_Wnaethon ni ddim byd	*We didn't do anything*
_Wnaethon nhw ddim llawer	*They didn't do much*

6.

_Wnest ti omled?	*Did you make an omelette?*
_Wnaeth e swper?	*Did he make supper?*
_Wnaeth hi salad?	*Did she make salad?*
_Wnaethoch chi jeli?	*Did you make jelly?*
_Wnaethon nhw losin?	*Did they make sweets?*
Do / Naddo	*Yes / No*

nodiadau ■ Like negative sentences, questions start with a Treiglad Meddal: _*Wnest ti omled?*

44

Deialog

Mae parti pen-blwydd Hari heddiw, ac mae'r teulu'n paratoi.

Rhiant: Reit. Mae **awr** gyda ni. Wnest ti'r **brechdanau**?

Plentyn: Do, wrth gwrs. Dyma nhw.

Rhiant: Diolch yn fawr iti. Wnest ti'r **cacennau** bach hefyd?

Plentyn: Do. Gwnes i **nhw** bore 'ma.

Rhiant: O, gwych. Ble **maen nhw**, 'te?

Plentyn: Dw i wedi bwyta **nhw** i gyd. Sori.

 Cân Beth wnest ti heddiw?
Tôn: *Bonheddwr Mawr o'r Bala*

Beth wnest ti heddiw? Beth wnest ti heddiw?

Chwarae yn y parc, chwarae yn y parc.

Ho ho ho ho ho, ho ho ho ho ho, chwarae yn y parc, y parc

Ho ho ho ho ho, ho ho ho ho ho, chwarae yn y parc.

2. p'nawn 'ma   gweithio yn y tŷ

3. bore 'ma   cerdded gyda'r ci

4. neithiwr   coginio swper i ti

5. echnos   nofio yn y pwll

Geirfa Uned 40

bwyd y môr	*seafood*
cenhinen, **cennin**	*leek, leeks*
darn **o** (gaws)	*a piece of (cheese)*
eitem	*item*
gwers	*lesson*
hwyaden	*duck*
pupur	*pepper*
tarten afalau	*apple tart*
neis	*nice*
prysur	*busy*
Sut hwyl gest ti?	*How did it go?*
dim ond …	*only …*

Ces i bysgodyn i swper

I had fish for supper

Themâu: bwyd, siopa
Themes: food, shopping

Content:

- the past tense of cael *(to have, to get)*

1.

Ces i **b**ysgodyn i swper	*I had fish for supper*
Ces i **d**ost i frecwast	*I had toast for breakfast*
Ces i **g**aws ar dost i ginio	*I had cheese on toast for lunch*
Ches i **dd**im llaeth	*I didn't have milk*
Ches i **dd**im mefus	*I didn't have strawberries*
Ches i **dd**im rhiwbob	*I didn't have rhubarb*

2.

Beth **g**est ti i frecwast ddoe?	*What did you have for breakfast yesterday?*
Beth **g**est ti i swper neithiwr?	*What did you have for supper last night?*
Beth **g**awsoch chi i frecwast bore 'ma?	*What did you have for breakfast this morning?*
Beth **g**awsoch chi i ginio ddoe?	*What did you have for lunch yesterday?*

3.

Cafodd Carys **f**ara	*Carys had bread*
Cafodd hi **dd**ŵr	*She had water*
Cafodd e _rawnffrwyth	*He had a grapefruit*
Chafodd Deian **dd**im tatws	*Deian didn't have potatoes*
Chafodd e **dd**im sglodion	*He didn't have chips*
Chafodd hi **dd**im hufen iâ	*She didn't have ice cream*

Cael

Ces	i
Cest	ti
Cafodd	e/hi
Cawson	ni
Cawsoch	chi
Cawson	nhw

---

nodiadau

■ The past tense of *cael* and other verbs has the same structure as *Ga' i ...?*:

verb	person	object (soft mutation)
Ga'	i	bysgodyn?
Cafodd	e	datws
Gwnaeth	Lisa	ginio

■ *Cael*, like all verbs starting with *p, t, c*, follows these rules:
Positive sentences: no mutation
Negative sentences: aspirate mutation
Questions: soft mutation

 **Ymarfer**

a. Beth gafodd pobl i fwyta? Holwch bedwar person.

enw	brecwast bore 'ma	swper neithiwr	cinio ddoe

b. Dwedwch wrth eich partner beth gafodd y bobl yn y grid.

Cafodd Hilary dost a Marmite i frecwast bore 'ma

O, do wir? Beth gafodd hi i swper neithiwr?

Chafodd hi ddim swper. Dim ond paned cyn cysgu

Wel, dyna ddiflas! Druan â Hilary

_____

_____

_____

c. Gafodd eich partner y pethau hyn ddoe? Holwch e / hi.

picls

tomato

cacen foron

bisgedi siocled

darn o pizza

grawnffrwyth

llaeth twym

mefus

rhiwbob a hufen

sorbet lemwn

pupur gwyrdd neu goch

tarten afalau

cawl cennin a thatws

bwyd y môr

hwyaden

garlleg

ŵy wedi'i ffrïo

melon

Sawl eitem gafodd e / hi?

Ymarfer

Darllenwch beth gafodd pawb a gwnewch sylwadau. Defnyddiwch floc 4.

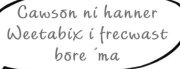

> Cawson ni hanner Weetabix i frecwast bore 'ma

> Cawson ni fanana, iogwrt, croissant a phaned o goffi i frecwast ddoe

> Cawson ni bum brechdan gig eidion, pizza, cacen fawr, a banana split i ginio dydd Sul

_____
_____
_____

4.

Cawson ni **dd**igon i fwyta	*We had enough to eat*
Cawson ni _ormod i fwyta	*We had too much to eat*
Cawson nhw **l**awer i fwyta	*They had a lot to eat*
Chawson ni **dd**im digon	*We didn't have enough*
Chawson ni **dd**im llawer	*We didn't have much*
Chawson nhw **dd**im byd	*They didn't have anything*

5.

Gest ti **dd**iwrnod da?	*Did you have a good day?*
Gafodd e **dd**iwrnod neis?	*Did he have a nice day?*
Gafodd hi **dd**iwrnod prysur?	*Did she have a busy day?*
Gawsoch chi **b**enwythnos da?	*Did you have a good weekend?*
Gawson nhw _wers dda?	*Did they have a good lesson?*
Gafodd pawb _wyliau da?	*Did everybody have a good holiday?*

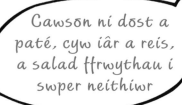

> Cawson ni gaws ar dost a salad i ginio heddiw

> Cawson ni dost a paté, cyw iâr a reis, a salad ffrwythau i swper neithiwr

Deialog

Mae Nici wedi dod adre o barti pen-blwydd.

Rhiant: Wel, sut hwyl gest ti? Gest ti ddigon i fwyta?

Plentyn: Eitha da, diolch. Ces i lawer o **jeli a chacennau**.

Rhiant: Do, dw i'n gallu gweld. Mae **jeli melyn** ar dy **siwmper** di.

Plentyn: Wps, sori. Cawson ni **losin a theganau**, hefyd.

Rhiant: Dyna lwcus wyt ti! Cawsoch chi amser da, felly.

Plentyn: Roedd e'n OK.

 Cân Ces i reis i swper neithiwr
Tôn: *Bonnie Bobby Shaftoe* (traddodiadol)

Ces i reis i swper neithiwr,
Ces i reis i swper neithiwr,
Ces i reis i swper neithiwr,
Reis i swper neithiwr.

2. ŵy   swper echnos
3. cawl   cinio heddiw
4. tost   brecwast heddiw
5. uwd   brecwast bore 'ma
6. ham   cinio echdoe

Geirfa Uned 41

anrhegion	*presents*
castell neidio	*bouncy castle*
cwrs	*course*
paent wynebau	*face paint*
pen / beiro	*pen*
pop	*pop*
siwgr	*sugar*
tedi	*teddy*
dod â / ag	*to bring*
helpu	*to help*
heb (TM)	*without*

Daeth Mr Davies â bisgedi

Mr Davies brought biscuits

Themâu: bwyd, amser, teithio
Themes: food, time, travel

Content:

- *the past tense of* dod *(to come, to bring)*

1.

Des i yma am ddeuddeg o'r gloch	*I came here at twelve o'clock*
Des i yma am bump o'r gloch	*I came here at five o'clock*
Ddes i **dd**im yma ddoe	*I didn't come here yesterday*
Ddes i **dd**im yma dydd Sul	*I didn't come here Sunday*

2.

Ddest ti o'r tŷ?	*Did you come from home?*
Ddest ti o'r ysgol?	*Did you come from school?*
Ddaethoch chi o'r gwaith?	*Did you come from work?*
Ddaethoch chi o'r swyddfa?	*Did you come from the office?*
O ble daethoch chi?	*Where did you come from?*

Dod

Des	i
Dest	ti
Daeth	e / hi
Daethon	ni
Daethoch	chi
Daethon	nhw

Ymarfer

Dilynwch yr esiamplau. Newidiwch y geiriau **trwm**.

A.

Des i yma **mewn tacsi** heddiw

O ble daethoch chi?

Des i o'r **dre**

B.

Ddes i ddim yma **dydd Sul**

Ddes i ddim yma **am ddau o'r gloch**

3.

Daeth Mr Davies â bisgedi	*Mr Davies brought biscuits*
Daeth e â llaeth	*He brought milk*
Daeth Maria â **ch**offi	*Maria brought coffee*
Ddaeth hi **dd**im â siwgr	*She didn't bring sugar*
Ddaeth e **dd**im â **th**e	*He didn't bring tea*
Ddaeth e **dd**im ag arian	*He didn't bring money*

Ymarfer

Amser parti!
Pwy ddaeth â beth?

Daeth Marged â balŵns

Ddaeth hi ddim â theganau

nhw

Einir

Mam-gu

Arwel

Maldwyn

Marged

Liz

Fi

Nic a Bryn

Lena

nodiadau

■ *Dod â* means 'to bring'. *Â* is followed by aspirate mutation: *â phapur*   *â thiwtor*   *â chath*

■ When followed by a vowel, *â* becomes *ag*:   *ag arian*   *ag Elen*   *ag oren*   *ag wyau*

4.

Daethon ni heb **l**yfrau	*We came without books*
Daethon ni heb **g**otiau	*We came without coats*
Daethon nhw heb **b**apur	*They came without paper*
Ddaethon ni **dd**im i'r wers	*We didn't come to the lesson*
Ddaethon ni **dd**im i'r cwrs	*We didn't come to the course*
Ddaethon nhw **dd**im i'r sioe	*They didn't come to the show*

5.

Ddest ti i weld y tiwtor?	*Did you come to see the tutor?*
Ddaeth e i helpu'r plant?	*Did he come to help the children?*
Ddaeth hi i gael paned?	*Did she come to have a cuppa?*
Ddaethoch chi i chwarae?	*Did you come to play?*
Ddaethon nhw i godi Lisa?	*Did they come to pick Lisa up?*
Do / Naddo	*Yes / No*

Ymarfer

Newidiwch y geiriau **trwm**.

A.

> Ddaethon ni ddim i'r wers yr wythnos diwetha

> Beth dych chi'n wneud yma heddiw?

B.

> Daethon ni i brynu llyfrau

fe

> Daeth e heb laeth

hi   fi   ti

ni    chi   nhw

C.

---

nodiadau   ■ *Heb* means 'without', and is followed by a soft mutation: *heb **f**ag*   *heb **l**aeth*   *heb **d**iwtor*

Deialog

Mae Mam a Dad wedi bod yn siopa

Plentyn: Helo. Faint o'r gloch daethoch chi adre?

Rhiant: Daethon ni **hanner awr** nôl. Ble wyt ti wedi bod, cariad?

Plentyn: Dw i wedi bod yn **darllen**. Ddaethoch chi â **losin** i fi?

Rhiant: Naddo, sori. Ond daethon ni â **theisen lemwn**.

Plentyn: O, gwych! Ga' i **ddarn** nawr?

Rhiant: Na chei, dim nawr. Cei di **ddarn** ar ôl swper.

Cân **Ddaethoch chi â losin i fi?**
Tôn: *The Wheels on the Bus*
Go Round and Round (traddodiadol)

Ddaethoch chi â losin i fi?

Ddaethoch chi â losin i fi?

Ddaethoch chi â losin i fi?

Do, dyma ti.

2.   teisen

3.   cawl

4.   uwd

5.   tost

6.   ham

Geirfa Uned 42

cân	*song*
cwpan	*cup*
hofrennydd	*helicopter*
plat	*plate*
pwrs	*purse*
soser	*saucer*
brecio	*to brake*
dewis	*to choose*
digwydd	*to happen*
ffeindio	*to find*
methu	*to fail*
parcio	*to park*
rhegi	*to swear*
taflu	*to throw*

Beth ddysgaist ti heddiw?

What did you learn today?

Themâu: amrywiol
Themes: various

Content:

- the past tense
  of regular verbs

1.

Parciais i	Bwytais i	*I parked*	*I ate*
Talais i	Dysgais i	*I paid*	*I learned*
Coginiais i	Gwyliais i	*I cooked*	*I watched*
Barciais i?	**F**wytais i?	*Did I park?*	*Did I eat?*
Dalais i?	**Dd**ysgais i?	*Did I pay?*	*Did I learn?*
Goginiais i?	_Wyliais i?	*Did I cook?*	*Did I watch?*
Pharciais i ddim	**F**wytais i ddim	*I didn't park*	*I didn't eat*
Thalais i ddim	**Dd**ysgais i ddim	*I didn't pay*	*I didn't learn*
Choginiais i ddim	_Wyliais i ddim	*I didn't cook*	*I didn't watch*

Dysgu

stem	ending	
Dysg	-ais	i
	-aist	ti
	-odd	e / hi
	-on	ni
	-och	chi
	-on	nhw

2.

Beth **b**rynaist ti?	*What did you buy?*
Beth **d**aflaist ti?	*What did you throw?*
Beth **g**oginiaist ti?	*What did you cook?*
Beth **f**wytoch chi?	*What did you eat?*
Beth **dd**ysgoch chi?	*What did you learn?*
Beth _weloch chi?	*What did you see?*

nodiadau

- Like the commands –*a* and –*wch* covered in Uned 9, the past tense of regular verbs consists of a **stem** and **ending**

- Block 1 shows all the rules for mutation at the beginning of past tense sentences. They are the same for all persons (I, you, he / she, we, you, they).

Positive sentences:	no mutation	
Questions:	soft mutation	
Negatives:	aspirate mutation (P,T,C)	soft mutation (B,D,G, Ll,M,Rh)

Ymarfer

Dilynwch yr esiampl.

A. Bwytais i

Fwytais i ddim

bwyta	brecio
darllen	dringo
galw	gwisgo
siarad	methu
peintio	pacio
talu	teithio
coginio	colli

Defnyddiwch y bocs a'r lluniau.

B. Beth brynaist ti?

Prynais i goffi

smwddio	ysgrifennu
prynu	pacio
coginio	cael
torri	bwyta
dewis	darllen
ffeindio	golchi
peintio	colli

bwyd

paned

trwser

bag

pêl

llyfrau

llestri

THE NATIONAL TRUST
TŶ MAWR WYBRNANT
ADMIT ONE CHILD
MYNEDIAD UN PLENTYN
01652
YR YMDDIRIEDOLAETH GENEDLAETHOL
tocyn

camera

pwrs

sbectol

dillad

llun

cerdyn

plat

grawnwin

3.

Peintiodd e	**Ph**eintiodd e **dd**im	*He painted*	*He didn't paint*
Talodd hi	**Th**alodd hi **dd**im	*She paid*	*She didn't pay*
Canodd hi	**Ch**anodd hi **dd**im	*She sang*	*She didn't sing*
Bwyton ni	**F**wyton ni **dd**im	*We ate*	*We didn't eat*
Dysgon ni	**Dd**ysgon ni **dd**im	*We learned*	*We didn't learn*
Gwylion ni	_**W**ylion ni **dd**im	*We watched*	*We didn't watch*
Lliwion nhw	**L**iwion nhw **dd**im	*They coloured in*	*They didn't colour in*
Methon nhw	**F**ethon nhw **dd**im	*They failed*	*They didn't fail*
Rhegon nhw	**R**egon nhw **dd**im	*They swore*	*They didn't swear*

4.

Dalaist ti?	*Did you pay?*
Dalodd e?	*Did he pay?*
Dalodd hi?	*Did she pay?*
Daloch chi?	*Did you pay?*
Dalon nhw?	*Did they pay?*
Do / Naddo	*Yes / No*

Daflodd hi bêl?

Naddo.
Thaflodd hi ddim pêl

Ymarfer

a. Beth wnaethoch chi a'ch teulu ddoe?
Dwedwch 4 peth.

Bwyton ni hufen iâ

b. Dwedwch 4 peth
wnaethoch chi ddim. *Phrynon ni ddim byd*

c. Ffeindiwch bartner newydd.
Siaradwch am deulu eich hen bartner.

Bwyton nhw hufen iâ   *Phrynon nhw ddim byd*

ch. Choose a person from the table.
Your partner must ask questions to find out who you have chosen.

	Stacey	Siwan	Wayne	Gerwyn
bwyta cacen	✔	✘	✔	✘
darllen llyfr	✘	✔	✘	✔
peintio drws	✔	✔	✘	✘
taflu pêl	✘	✘	✔	✔
gwylio rhaglen	✘	✔	✔	✘
lliwio llun	✔	✘	✘	✔

Deialog

Mae'r plant wedi bod ar drip ysgol i Sir Benfro heddiw.

Rhiant:	Dyma **sudd oren** i ti. Beth wnaethoch chi, 'te?
Plentyn:	**Dringon ni fynydd**. Torrodd **Ieuan** ei **goes**.
Rhiant:	Diar, diar! Beth ddigwyddodd?
Plentyn:	Ffoniodd Miss Pryce 999, a daeth **hofrennydd**.
Rhiant:	Ydy **Ieuan** yn iawn nawr?
Plentyn:	Ydy. Daeth e 'nôl i **Ben-y-bont** yn yr **hofrennydd**.

 Cân **Hen Iâr Fach Dwt** (traddodiadol)

Hen iâr fach dwt yw'n iâr fach ni,
Hen iâr fach bert, goch, melyn a du,
Mi aeth i'r cwt i ddodwy wy,
Mi gododd ei chwt, chwt, chwt ac i ffwrdd â hi.

Hen frân fawr ddu ar ben y to,
Yn canu bas, ho, ho, ho, ho,
Mi anelais fy ngwn i'w saethu hi
Ond cododd ei chwt, chwt, chwt ac i ffwrdd â hi.

Hen chwannen fawr yn ddu fel glo,
Yn pigo dyn nes mynd o'i go',
Mi nolais fy lamp i'w dala hi
A chododd ei chwt, chwt, chwt ac i ffwrdd â hi.

Geirfa Uned 43

sesiwn	*session*
siom	*pity, disappointment*
aros am	*to wait for*
canslo	*to cancel*
clywed	*to hear*
dweud wrth	*to tell*
cynnar	*early*
hwyr	*late*
fan hyn	*here*
	(emphatic / contrastive)

Rhedais i i'r ysgol bore 'ma

I ran to school this morning

Thema: amrywiol
Theme: various

Content:

- the past tense of regular verbs (continued)

1.

Rhedeg	Rhed-	Rhedais i i'r ysgol bore 'ma	*I ran to school this morning*
Cerdded	Cerdd-	Cerddais i i'r **g**ampfa ddoe	*I walked to the gym yesterday*
Clywed	Clyw-	Clywais i **g**ân ar y radio heddiw	*I heard a song on the radio today*
Gweld	Gwel-	Gwelais i John pnawn 'ma	*I saw John this afternoon*
Yfed	Yf-	Yfais i **g**oco neithiwr	*I drank cocoa last night*
Cymryd	Cymr-	Cymrais i **d**abledi echnos	*I took tablets the night before last*

2.

Gwrando	Gwrandaw-	Gwrandawodd Heledd ar y plentyn	*Heledd listened to the child*
Dweud	Dwed-	Dwedodd Carys wrth ei gŵr	*Carys told her husband*
Aros	Arhos-	Arhosodd Seimon am y bws	*Seimon waited for the bus*
Cyrraedd	Cyrhaedd-	Cyrhaeddodd Louise yn gynnar	*Louise arrived early*
Mwynhau	Mwynheu-	Mwynheuodd Mrs Ifans y cwrs	*Mrs Ifans enjoyed the course*
Chwarae	Chwarae-	Chwaraeodd y plant **d**ennis bwrdd	*The children played table tennis*

Regular verb endings

-ais	i
-aist	ti
-odd	e / hi
-on	ni
-och	chi
-on	nhw

nodiadau

■ This unit introduces regular verbs which involve some additional letter changes

■ All verbs ending in *-ed* or *-eg* drop those letters:

y**fed**	yfais
cerdd**ed**	cerddais
rhed**eg**	rhedais

■ Most verbs ending in *-au* change to *-eu*:

mwynh**au**	mwynh**eu**ais
dechr**au**	dechr**eu**ais
glanh**au**	glanh**eu**ais

rhedeg   cerdded   yfed pop   chwarae cryno-ddisg   dweud 'eisteddwch!'   gweld rhaglen deledu

cymryd tabledi   cyrraedd yn hwyr   mwynhau gêm   clywed stori   gwrando ar yr athrawes   aros am drên

A **Ymarfer**

Yfodd Rhobart bop?

Naddo, yfodd e ddim pop. Trïa eto!

Pwy wnaeth beth?

1. Rhobart	2. Helen	3. Haydn
4. Carol	5. Geoff	6. Shân

Write numbers 1-6 in the boxes. Your partner has to ask questions to find out where you have put them.

Naddo. Ddwedais i ddim 'bihafia!' wrth neb

Do. Gwrandawais i ar y newyddion

Holi ac ateb

Wrandawaist ti ar y radio ddoe?
Arhosaist ti am rywun ddoe?
Ddwedaist ti 'bihafia!' wrth rywun ddoe?
Gyrhaeddaist ti'r wers yn gynnar heddiw?
Fwynheuaist ti rywbeth dros y penwythnos?

Os do (*if you did*):
Ar beth?
Am bwy?
Wrth bwy?
Am faint o'r gloch?
Beth?

nodiadau   ■ Some words starting with *g* never take soft mutation: *gêm, golff, garej.*

Ymarfer

a. Newidiwch y geiriau **trwm**, a gwnewch frawddegau newydd.

> Rhedodd Hywel i'r ysgol

Rhedodd **Michael** i'r **parc**.
Cerddodd **Pauline** adre o'r **siop**.
Arhosodd **Mr Murphy** am ei **wraig**.
Dwedodd **y plant** 'bore da' wrth **yr athrawes**.
Cyrhaeddodd **Mam-gu** yma **am chwarter i chwech**.
Mwynheuodd **Rhisiart ac Olwen raglen deledu**.

b. Gwnewch y brawddegau yn negyddol.

> Redodd Michael ddim i'r parc

c. Gwnewch y brawddegau yn gwestiynau.

> Redodd Michael i'r parc?

ch. Gofynnwch i 4 person beth wnaethon nhw nos Wener, dydd Sadwrn a dydd Sul. Llenwch y grid.

enw	nos Wener	dydd Sadwrn	dydd Sul
Bernadette	edrych ar ffilm	prynu teledu newydd	mynd allan i fwyta

d. Dwedwch wrth eich partner beth wnaeth pawb.

> Edrychodd Bernadette ar ffilm nos Wener. Prynodd hi deledu newydd dydd Sadwrn. Aeth hi allan i fwyta dydd Sul.

dd. Dwedwch rywbeth am eich teulu.

> Aeth fy ngwraig a'r plant i nofio dydd Sadwrn. Wedyn, cawson nhw ginio yn y dre.

nodiadau ■ *Cyrraedd* means to reach, or to arrive at. It does not need *i* or *yn*.

Cyrhaeddon nhw Gaerdydd   They arrived in Cardiff
Dw i ddim yn gallu cyrraedd y silff   I can't reach the shelf

Deialog

Mae Mam a Dad yn codi'r plant o'r clwb drama.

Rhiant:	O! Gorffennoch chi'n gynnar, do?
Plentyn:	Naddo. Canslon nhw'r sesiwn. Mae **annwyd** ar **Mr Fisher**.
Rhiant:	Wel, dyna siom. Arhosoch chi fan hyn?
Plentyn:	Do. **Chwaraeon** ni **dennis bwrdd**.
Rhiant:	A beth arall wnaethoch chi?
Plentyn:	**Cerddon ni i'r siop** wedyn. Prynon ni **losin**.

 Cân Rhedais i i'r ysgol

Tôn: *Deryn y Bwn o'r Banna* (traddodiadol)

Rhedais i i'r ysgol, ffol-di rol-di rol-lol,
A chwaraeais i yn yr iard, yn yr iard, bwm bwm, bwm bwm,
Wedyn bwytais i ginio.

Rhedais i nôl adre, ffol-di rol-di rol-lol,
A chwaraeais i yn yr ardd, yn yr ardd, bwm bwm, bwm bwm,
Wedyn bwytais i swper.

Es i lan i 'ngwely, ffol-di rol-di rol-lol,
A darllenais i stori fach, stori fach, bwm bwm, bwm bwm,
Wedyn es i i gysgu.

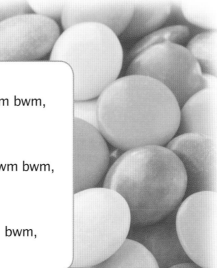

Geirfa Uned 44

byrger	*burger*
cerdyn Visa	*Visa card*
halen	*salt*
peint	*pint*
petrol	*petrol*
Bryste	Bristol
Dyfnaint	Devon
anfon	to send
hud	magic
achos	because
hen bryd, hefyd	about time, too

Uned Adolygu

uned 38

1. Es i i'r **siop**   Es i ddim i'r **feithrinfa**
2. I ble est ti **heddiw**?
3. Aeth **Alys i nofio**   Aeth **hi** ddim i **sglefrio**
4. Aethon **ni** i **Bontardawe**   Aethon **ni** ddim i **Don-teg**
5. **Est ti ar y bws**?   Do / Naddo

uned 39

1. Gwnes i'r **brecwast**
2. Beth **_wnest ti** yn y **dre**?
3. **_Wnes i ddim brechdanau**
4. Gwnaeth **Lena swper**   **_Wnaeth Gerallt** ddim salad
5. Gwnaethon ni'r **llestri**   **_Wnaethon ni** ddim byd
6. **_Wnest ti omled**?   Do / Naddo

uned 40

1. Ces i **bysgodyn i swper**   Ches i ddim **llaeth**
2. Beth **gest ti i frecwast ddoe**?
3. Cafodd **Carys fara**   Chafodd **hi** ddim **sglodion**
4. Cawson **ni ddigon** i fwyta   Chawson **ni** ddim **digon**
5. **Gest ti ddiwrnod** da?   Do / Naddo

uned 41

1. Des i yma am **bump o'r gloch**   Ddes i ddim yma **ddoe**
2. **Ddest** ti o'r **tŷ**?   O ble daethoch chi?
3. Daeth **Mr Davies** â **bisgedi**   Ddaeth **e** ddim â **the**
4. Daethon **ni** heb **lyfrau**   Ddaethon **ni** ddim i'r **wers**
5. **Ddest ti** i **weld y tiwtor**?   Do / Naddo

uned 42

1. **Parciais** i   **Barciais** i?   **Pharciais** i ddim
   Bwytais i   **Fwytais** i?   **Fwytais** i ddim
2. Beth **brynaist ti**?
3. **Peintiodd e**   **Pheintiodd e** ddim
4. Dalaist **ti**?

uned 43

1. **Rhedais** i i'r **ysgol bore 'ma**
2. **Gwrandawodd Heledd ar y plentyn**

Gweithgareddau Adolygu
Revision Activities

uned 38
Holi ac ateb

a.

> Est ti i('r) . . . ddoe?

Os do, faint o'r gloch est ti?
Beth wnest ti yno?

siop	ysgol	gwaith	tŷ ffrind
tafarn	tre	canolfan hamdden	garej

b.

> Est ti i . . . y llynedd?

Pryd est ti?
Beth wnest ti yno?

Llundain	yr Alban	Iwerddon	Bryste
Sbaen	Denmarc	gogledd Lloegr	Ffrainc

uned 39
Holwch 4 person a
llenwch y grid gyda ✔ / ✘

> Wnest ti'r . . .
> dros y penwythnos?

enw	smwddio	glanhau	gwelyau	garddio

uned 40
a. Holi ac ateb

> Gest ti . . . ddoe?

b. Beth gafodd dy blentyn ddoe?

c.

> Ga' i . . . heb . . . ,
> os gwelwch chi'n dda?

tost	llaeth
byrgyr	siwgr
jeli	halen
coffi	menyn
te	hufen
sglodion	caws

uned 41

a. Holi ac ateb

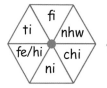

*O ble daeth **Daniel**, a phryd?*

*Daeth e o **Landrindod** bore ddoe*

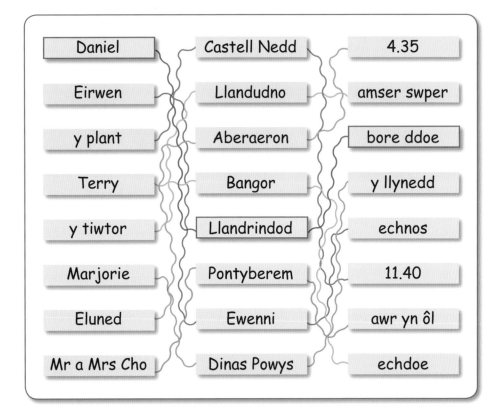

Daniel	Castell Nedd	4.35
Eirwen	Llandudno	amser swper
y plant	Aberaeron	bore ddoe
Terry	Bangor	y llynedd
y tiwtor	Llandrindod	echnos
Marjorie	Pontyberem	11.40
Eluned	Ewenni	awr yn ôl
Mr a Mrs Cho	Dinas Powys	echdoe

b. Pwy ddaeth â beth i'r parti? Newidiwch y geiriau **trwm**.

*Daeth **Manon** â chastell neidio*

uned 42, 43

Get the **hecsagonau hud** *from your tutor.*

"ni" a "+" (positif)

	fi	
ti		nhw
fe/hi		chi
	ni	

Bwyton ni riwbob

smwddio

ysgrifennu

prynu

agor

coginio

anfon

torri

bwyta

dod â

darllen

ffeindio

golchi

yfed

colli

uned 42, 43

a. Darllenwch y stori

Es i â'r car i'r garej bore 'ma, a des i 'nôl adre ar y bws. Ches i ddim **paned**, achos ffoniodd **Mam**, a gofynnodd **hi** am help gyda'r **cyfrifiadur**. Helpais i **hi**, a gwnaeth **hi ginio**. Prynhawn 'ma, es i 'nôl i'r garej i gael y car. Gyrrais i i'r **ysgol**, a chodais i'r plant. Nawr dw i'n cael paned – a hen bryd, hefyd!

b. Darllenwch y stori eto, a newidiwch y geiriau trwm.

c. Wedyn, newidiwch y stori i'r 3ydd person:
"Aeth e â'r car i'r garej…"

Sgwrsio

Beth wnest ti dros y penwythnos?

Beth wnest ti neithiwr?

Beth wnest ti cyn dod i'r wers heddiw?

Beth am dy blant di? Beth wnaethon nhw dros y penwythnos a neithiwr?

Geirfa Uned 45

barn	opinion
nofel	novel
pobl eraill	other people
sothach	rubbish
rhaglenni	programmes
cas	nasty, mean
cyffrous	exciting
doniol	funny
lliwgar	colourful
talentog	talented
yn ddiweddar	recently

Y Gorffennol
The Past Tense

positive:	*no mutation*
questions:	*soft mutation*
negative:	*soft mutation (b,d,g,ll,m,rh)* *aspirate mutation (p,t,c)*

Positif *Positive*

	MYND	GWNEUD	CAEL	DOD	DYSGU (regular)
fi	es i	gwnes i	ces i	des i	dysg -ais i
ti	est ti	gwnest ti	cest ti	dest ti	-aist ti
fe/hi	aeth e/hi	gwnaeth e/hi	cafodd e/hi	daeth e/hi	-odd e/hi
ni	aethon ni	gwnaethon ni	cawson ni	daethon ni	-on ni
chi	aethoch chi	gwnaethoch chi	cawsoch chi	daethoch chi	-och chi
nhw	aethon nhw	gwnaethon nhw	cawson nhw	daethon nhw	-on nhw

Cwestiynau *Questions*

	MYND	GWNEUD	CAEL	DOD	DYSGU (regular)
fi	es i?	_wnes i?	**g**es i?	**dd**es i?	**dd**ysg -ais i?
ti	est ti?	_wnest ti?	**g**est ti?	**dd**est ti?	-aist ti?
fe/hi	aeth e/hi?	_wnaeth e/hi?	**g**afodd e/hi?	**dd**aeth e/hi?	-odd e/hi?
ni	aethon ni?	_wnaethon ni?	**g**awson ni?	**dd**aethon ni?	-on ni?
chi	aethoch chi?	_wnaethoch chi?	**g**awsoch chi?	**dd**aethoch chi?	-och chi?
nhw	aethon nhw?	_wnaethon nhw?	**g**awson nhw?	**dd**aethon nhw?	-on nhw?

Negyddol *Negative*

	MYND	GWNEUD	CAEL	DOD	DYSGU (regular)
fi	es i ddim	_wnes i ddim	**ch**es i ddim	**dd**es i ddim	**dd**ysg -ais i ddim
ti	est ti ddim	_wnest ti ddim	**ch**est ti ddim	**dd**est ti ddim	-aist ti ddim
fe/hi	aeth e/hi ddim	_wnaeth e/hi ddim	**ch**afodd e/hi ddim	**dd**aeth e/hi ddim	-odd e/hi ddim
ni	aethon ni ddim	_wnaethon ni ddim	**ch**awson ni ddim	**dd**aethon ni ddim	-on ni ddim
chi	aethoch chi ddim	_wnaethoch chi ddim	**ch**awsoch chi ddim	**dd**aethoch chi ddim	-och chi ddim
nhw	aethon nhw ddim	_wnaethon nhw ddim	**ch**awson nhw ddim	**dd**aethon nhw ddim	-on nhw ddim

dechrau →

Ble est ti bore ddoe?	Aeth dy blant di i rywle dros y penwythnos?	Sut mae dweud she didn't go swimming yn Gymraeg?	Pwy wnaeth y llestri ddoe yn eich tŷ chi?	Wnest ti'r glanhau dydd Sadwrn diwetha?	Beth yw they did nothing yn Gymraeg?

Wrandawodd y plant ar gerddoriaeth neithiwr?

Beth gest ti i ginio ddoe?

Trac adolygu

I ble cerddaist ti dros y penwythnos?

Beth gafodd dy blant di i frecwast heddiw?

Arhosaist ti am fws ddoe?

Beth yw we had nothing for lunch yn Gymraeg?

Beth yw they didn't buy cake yn Gymraeg?	Brynaist ti rywbeth dydd Sul diwetha?	Beth wnest ti ddoe?	Say three things you've brought with you today.	Faint o'r gloch daeth dy blant di adre o'r ysgol dydd Gwener?	Sut dest ti yma heddiw?

There is an optional examination at the end of Entry Level Welsh for Adults / Welsh for the Family courses. Although not compulsory, there are several good reasons for taking the examination. Many students find they enjoy having a clear target to work towards. Others find that they work harder if they know there is a test at the end of a course; more time spent studying leads to faster progress and a higher level of confidence.

- Examinations are usually held in January and June; see WJEC website for exam dates, closing dates and fees

- Note that the specifications are subject to change. It is essential to check the current WJEC Booklet for Candidates

There are four categories to the test, each one with different parts, as explained below. These parts appear in the units noted and do not necessarily follow in a chronological order e.g. Part 2 Oral appears before Part 1 Oral due to the language patterns rising in those particular units.

Oral (55%)

Part 1:	Reading a dialogue aloud	Uned 47
Part 2:	Answering questions	Uned 45
Part 3:	Answering questions about a picture	Uned 53
Part 4:	Asking questions	Uned 54

Reading and Gap Filling (15%)

Part 1:	Advertisements	Uned 57
Part 2:	Dialogue	Uned 56
Part 3:	Gap Filling	Uned 55

Listening (20%)

Part 1:	Dialogue	Uned 59
Part 2:	Weather bulletin	Uned 48
Part 3:	Times and prices	Uned 52

Writing (10%)

Part 1:	Writing a postcard	Uned 49
Part 2:	Writing a short portrait based on a picture	Uned 50

The remaining units of the course include exercises to help you prepare for all the different parts of the examination. These exercises are well worth doing whether or not you are planning on taking the examination, as they will help you improve your skills as well as revise language learnt on the course.

Geirfa Arholiad
Examination Vocabulary

Here are some words which are likely to come up if you are preparing for the examination. You will need a passive knowledge of these words, but there is no need to learn to produce them at this level.

arholiad	*examination*	adolygu	*to revise*
ateb(ion)	*answer(s)*	cyfieithu	*to translate*
brawddeg	*sentence*	dewis	*to choose*
cerdyn **post**	*postcard*	dyfalu	*to guess*
cwrs	*course*	sillafu	*to spell*
deialog	*dialogue*		
dyfodol	*future*	benywaidd	*feminine*
dysgwr	*learner*	gwir	*true*
geirfa	*vocabulary*	gwrywaidd	*masculine*
grŵp	*group*	lluosog	*plural*
hysbyseb	*advertisement*	unigol	*singular*
llenwi bylchau	*gap filling*	ysgrifenedig	*written*
newyddion	*news*		
pâr	*pair*		
prawf	*test*		
sgwrs	*conversation*		
taflen	*sheet, handout*		
treiglad	*mutation*		
tudalen	*page*		
uned	*unit*		
ymarfer	*practice, exercise*		

Help llaw i ymgeiswyr
Useful tips for candidates

- Prepare thoroughly for the exam, giving yourself plenty of time.

- Familiarise yourself with the different tasks of each paper, and how much time you will have for each one.

- Try to work out what your weaknesses are so that you can improve on them.

- However, bear in mind that some parts of the exam are worth more marks than others (speaking in particular), so be sure not to neglect these.

- Don't be overambitious or adventurous in the exam, but keep your answers simple. This is likely to result in higher marks.

- Be aware that there are north and south Wales versions of the tests together on one paper, and be sure to select the right one.

- Note that specifications are subject to change. It is essential to check the current WJEC Booklet for Candidates. The details can also be found on the WJEC website.

- Attend exam preparation events arranged by the Welsh for Adults Centres (details can be found on-line).

- If possible, keep the days before the exam date free of engagements, to help ensure you are on top of your game on the day.

- Plenty of sleep and plenty of water will help your brain perform well.

- Above all, try to view the examination and preparation work as a positive experience. More than the actual result, the real value of the exam is the boost your Welsh skills will get from the preparation work.

Beth wyt ti'n feddwl o 'Cyw'?

What do you think of 'Cyw'?

Thema: hamdden
Theme: leisure

Content:

- *expressing opinions on various resources for children*

1.

Beth wyt ti'n feddwl o 'Cyw'?	*What do you think of 'Cyw'?*
Beth wyt ti'n feddwl o 'Igi, Tigi, Bip a Bop'?	*What do you think of 'Igi, Tigi, Bip a Bop'?*
Beth dych chi'n feddwl o'r 'Geiriadur Lliwgar'?	*What do you think of 'Y Geiriadur Lliwgar'?*
Beth dych chi'n feddwl o 'Sali Mali'?	*What do you think of 'Sali Mali'?*

2.

Mae e'n	annwyl	*He's / It's*	*cute, lovable*
Mae hi'n	ardderchog	*She's / It's*	*excellent*
Maen nhw'n	eitha da	*They're*	*quite good*
	hwyl		*fun*
	ofnadwy		*terrible*
	hyfryd		*lovely*
	sothach		*rubbish*
	dalentog		*talented*
	gas		*nasty, mean*
	gyffrous		*exciting*
	ddiddorol		*interesting*
	ddiflas		*boring, dull*
	ddoniol		*funny*
	_wych		*brilliant*

3.

Dyw e ddim yn **dd**a iawn	*It's / He's not very good*
Dyw hi ddim yn **dd**iddorol iawn	*It's / She's not very interesting*
Dyn nhw ddim yn **g**yffrous iawn	*They're not very exciting*
Dyn nhw ddim yn **d**alentog iawn	*They're not very talented*
Dyw e ddim yn llawer o hwyl	*It's / He's not much fun*

nodiadau

■ Your answer to the questions will depend on the gender of the item / person you're talking about:
nofel   ffilm   gêm   rhaglen   llyfr

■ Adjectives soft mutate after *yn*, like the weather expressions in Uned 13: *Mae hi'n _wyntog* etc.

Ymarfer

Ysgrifennwch 10 enw rhaglen, ffilm, llyfr, nofel neu gylchgrawn yn y tabl.
Rhowch eich barn yn y bocs, wedyn gofynnwch i 3 pherson arall beth yw eu barn.

Eitem (ffilm, llyfr...)	eich barn chi	barn pobl eraill		
		enw:	enw:	enw:

Gwelais i *Cyw* pnawn ddoe gyda Lauren a Reynold. Mae hi'n rhaglen wych, ac mae'r plant yn mwynhau'n fawr.

Dw i wedi prynu set o CDs *Midsomer Murders*, a dw i'n edrych arnyn nhw pan mae amser gyda fi. Maen nhw'n gyffrous iawn!

Bob nos, dw i'n darllen *Sali Mali* gyda Sara. Mae hi'n hoffi'r stori, achos mae hi'n ddoniol.

Ar hyn o bryd, dw i'n darllen llyfr o'r enw *Policy and Practice in Adult Community Learning*. Dyw e ddim yn ddiddorol iawn.

Sgwrsio

Pa raglenni teledu a ffilmiau wyt ti a'r plant wedi gweld yn ddiweddar?

Beth wyt ti'n feddwl ohonyn nhw?

Beth am raglenni radio, llyfrau neu gylchgronau?

Siarad (rhan 2): Ateb cwestiynau

Speaking (part 2): Answering questions

*Words in **bold** may be exchanged for others. Answer using full sentences.*

1. Ble dych chi'n byw?
2. O ble dych chi'n dod yn wreiddiol?
3. Ble aethoch chi i'r ysgol?
4. Beth yw'ch gwaith chi?
5. Oes teulu gyda chi?
6. Oes anifeiliaid anwes gyda chi?
7. Ble aethoch chi ar eich gwyliau diwetha?
8. Beth wnaethoch chi **ddoe**?
9. Beth dych chi'n wneud **y penwythnos nesa**?
10. Beth dych chi'n hoffi'i wneud yn eich amser sbâr?
11. Ble dych chi'n dysgu Cymraeg?
12. Sut daethoch chi yma **heddiw**?
13. Beth dych chi'n hoffi ar y teledu?
14. Beth mae'n rhaid i chi'i wneud **yfory**?
15. Sut mae'r tywydd heddiw?
16. Sut roedd y tywydd ddoe?
17. Am faint o'r gloch dych chi'n **codi** fel arfer?
18. Beth o'ch chi'n hoffi wneud pan o'ch chi'n blentyn?

There will be two simple follow-up questions, such as:

Interviewer: Beth dych chi'n hoffi wneud yn eich amser sbâr?
Candidate: Dw i'n hoffi chwarae tennis.

Interviewer (follow-up): Ble dych chi'n chwarae tennis?
Candidate: Dw i'n chwarae tennis mewn clwb tennis.

Write sample answers here:

1.	10.
2.	11.
3.	12.
4.	13.
5.	14.
6.	15.
7.	16.
8.	17.
9.	18.

Deialog

Mae Mam a Dad yn siarad â
Del am DVD *Fflic a Fflac*.

Rhiant:	Wel, mae'n **lliwgar**, ac yn **hwyl**. Ydy **hi** gyda chi yn yr ysgol?
Plentyn:	Ydy, mae hi.
Rhiant:	Beth wyt ti'n feddwl o *Fflic a Fflac*? Wyt ti'n hoffi **nhw**?
Plentyn:	Dw i ddim wedi **gweld nhw** eto.
Rhiant:	Wel, dyn ni wedi dod â'r **DVD** i ti. Beth am edrych nawr?
Plentyn:	Hwrê! Diolch, Mami a Dadi!

Cân Beth dych chi'n feddwl o *Cyw*?

Beth dych chi'n feddwl o *Cyw*?
Beth dych chi'n feddwl o *Cyw*?
Mae *Cyw* yn **ddiddorol** iawn, **diddorol** iawn.

2. *Fflic a Fflac*, lliwgar
3. *Bore Da*, hyfryd
4. Mistar Urdd, annwyl

Geirfa Uned 46

capel	*chapel*
ffordd	*way*
Ffrangeg	*French (language)*
crac	*angry*
rhydd	*free, loose*
trist	*sad*
deall	*to understand*
nabod (adnabod)	*to know (a person etc)*
penderfynu	*to decide*
dwlu ar	*to dote on*
siarad â	*to talk to*
ar wyliau	*on holidays*
bron yn	*almost*
Sawl gwaith?	*How many times?*
unwaith	*once*
yn anffodus	*unfortunately*
yn lle hynny	*instead (of that)*
wrth	*by, at*

Ro'n i yn yr ysgol heddiw

I was in school today

Thema: amser
Theme: time

Cynnwys:

- *where you were and what you were doing at certain times*
- *adjectives in the past*

1.

Ro'n i yn y tŷ am wyth (o'r gloch)	*I was in the house at eight (o'clock)*
Ro'n i yn yr ysgol am naw	*I was in school at nine*
Do'n i ddim yn yr ysgol am bedwar	*I wasn't in school at four*
Do'n i ddim yn y gwely am ddeg	*I wasn't in bed at ten*

2.

Ro'n i'n bwyta am wyth	*I was eating at eight*
Ro'n i'n darllen am ddeuddeg	*I was reading at twelve*
Roedd Julian yn dysgu am bedwar	*Julian was teaching at four*
Doedd e ddim yn dysgu am chwech	*He wasn't teaching at six*

3.

Ble o't ti am ddeg?	*Where were you at ten?*
Ble o'ch chi am unarddeg?	*Where were you at eleven?*
Beth o't ti'n wneud am ddau?	*What were you doing at two?*
Beth o'ch chi'n wneud am dri?	*What were you doing at three?*

Bod: amherffaith	**To Be:** *imperfect*
Spoken forms	*Written forms*
Ro'n i	Roeddwn i
Ro't ti	Roeddet ti
Roedd e / hi	Roedd e / hi
Ro'n ni	Roedden ni
Ro'ch chi	Roeddech chi
Ro'n nhw	Roedden nhw
Do'n i ddim	Doeddwn i ddim
O'n i?	Oeddwn i?

---

nodiadau

■ In the present tense, *Dw i'n bwyta* can mean both *I eat* and *I am eating*. In the past, *Bwytais i = I ate*. *Ro'n i'n bwyta = I was eating*.

■ *Ro'n i yn y tŷ   Ro'n i'n bwyta*
When *yn* means *in*, it can't be abbreviated with an apostrophe. An apostrophe is used at other times.

Dyddiadur Julian

8.00
tŷ   cael brecwast

11.00
swyddfa   siarad â'r pennaeth

12.00
caffi   cael cinio

3.00
canolfan   dysgu

5.00
car   codi'r plant o'r clwb

7.30
capel   canu gyda'r côr

Ymarfer

a. Ble oedd Julian, a beth oedd e'n wneud?

> Ble oedd Julian am 8.00?

> Roedd e yn y tŷ.

> Beth oedd e'n wneud?

> Roedd e'n cael brecwast.

b. Holwch eich partner am ddoe.

> Ble o't ti am 9.00 ddoe?

> Dw i ddim yn dweud!

4.

O't ti yn y tŷ bore 'ma?	Were you in the house this morning?
O'ch chi yn y gwaith heddiw?	Were you at work today?
Oedd e / hi yn yr ysgol ddoe?	Was he / she in school yesterday?
O'n nhw ar y bws neithiwr?	Were they on the bus last night?
O'n	Yes, I was / we were / they were
Nac o'n	No, I wasn't / we weren't / they weren't
Oedd	Yes, he / she was
Nac oedd	No, he / she wasn't

Ymarfer

Write down some of the places you have visited in the last few days (if you haven't been anywhere, imagine you have!). Exchange lists with your partner, and find out when he / she was in the places listed. (patrwm 4)

> O't ti yn y caffi bore 'ma?

1. _____

2. _____

3. _____

4. _____

5. _____

Gwyliau'r Teulu Edwards

Aeth Mr a Mrs Edwards â'r plant ar wyliau i Ffrainc dros hanner tymor. Ar ddechrau'r wythnos, roedd y tywydd yn braf, ac roedd pawb yn hapus iawn. Dydd Mercher, roedd y plant eisiau mynd i lan y môr. Yn anffodus, doedd hi ddim yn heulog, a do'n nhw ddim yn gallu mynd. Ro'n nhw'n drist iawn.

Yn lle hynny, aethon nhw i weld ffilm. Roedd y ffilm yn Ffrangeg, wrth gwrs. Roedd Mr a Mrs Edwards yn gallu deall y ffilm, ond doedd y plant ddim. Ro'n nhw'n ddiflas. Ar ôl y ffilm, roedd eisiau bwyd ar bawb. Penderfynon nhw fynd i Macdonalds. Roedd y lle'n brysur iawn, a llawer o bobl yn aros wrth y cownter. A doedd dim un bwrdd rhydd.

Dyw Mr Edwards ddim yn hoffi Macdonalds, a dyw e ddim yn hoffi aros, chwaith. Roedd e'n grac. Ond roedd y plant yn hapus, achos maen nhw'n dwlu ar Macdonalds. Cawson nhw fyrgyrs caws, cola mawr, *fries* mawr, a hufen iâ. Ro'n nhw'n dost ofnadwy wedyn. Gwyliau hyfryd, wir.

Ymarfer

a. Edrychwch ar y stori eto.
   Underline every imperfect form of bod (ro'n i *etc).*

b. Sut mae dweud hyn yn Gymraeg?
   * *The weather was fine*
   * *Everybody was very happy*
   * *The children wanted to go to the seaside*
   * *It wasn't sunny*
   * *They couldn't go*
   * *They were very sad*
   * *The film was in French*
   * *Mr and Mrs Edwards could understand*
   * *They were bored*
   * *Everybody was hungry*
   * *The place was very busy*
   * *There wasn't one free table*
   * *He was angry*
   * *They were terribly sick afterwards*

c. Dych chi'n gallu dweud y brawddegau hyn heb edrych ar y darn darllen eto?

ch. Dwedwch y stori eto, yn y presennol.
   "Mae Mr a Mrs Edwards yn mynd â'r plant..."

Deialog

Mae Alex yn cyrraedd adre. Mae bron *(almost)*
yn amser swper.

Rhiant:	Ble o't ti am **bedwar o'r gloch**, cariad?
Plentyn:	Ro'n i ar y ffordd i'r **clwb**. Pam wyt ti'n gofyn?
Rhiant:	Ffoniais i, ond doedd dim ateb.
Plentyn:	Sori! Doedd dim signal. Sawl gwaith ffoniaist ti?
Rhiant:	**Dim ond unwaith.**
Plentyn:	Pam o't ti'n ffonio?
Rhiant:	O, dim byd pwysig.

🎵 Cân Y Gwcw (traddodiadol)

Wrth ddychwel tuag adref, mi welais gwcw lon
Oedd newydd groesi'r moroedd i'r ynys fechan hon.

Cytgan
O, o, o! Holi a chici a holi a chwcw, holi a chici a holi a chwcw,
Holi a chici a holi a chwcw holi a chici a holi a chw.

2. A chwcw gynta'r tymor a ganai yn y coed,
    'Run fath â'r gwcw gyntaf a ganodd gynta' 'rioed.

3. Mi drois yn ôl i chwilio y glascoed yn y llwyn,
    I edrych rhwng y brigau ble'r oedd y deryn mwyn.

4. Mi gerddais nes dychwelyd o dan fy medw bren –
    Ac yno'r oedd y gwcw, yn canu wrth fy mhen!

5. O! Diolch iti, gwcw, ein bod ni yma'n cwrdd –
    Mi sychais i fy llygad, a'r gwcw aeth i ffwrdd.

Geirfa Uned 47

bywyd	*life*
cŵn	*dogs*
hoci	*hockey*
maes chwarae	*playing field, playground*
twmpath dawns	*folk dance event*
marw	*to die*
Cymreig	*Welsh (food, clothes etc)*
erbyn hyn	*now (indicates change)*
o hyd	*still, all the time*
'slawer dydd (ers llawer dydd)	*long ago*
yn sydyn	*suddenly*

Dewi Sant

Saint David

Themâu: gwyliau a dathliadau
Themes: festivals and celebrations

Cynnwys:

- *Saint David's story and Saint David's Day celebrations*
- *childhood customs*

Dathlu Gŵyl Dewi

Pan o'ch chi'n blentyn, sut o'ch chi'n dathlu dydd Gŵyl Dewi?

Ro'n ni'n bwyta cawl Cymreig

Ro'n ni'n cael eisteddfod yn yr ysgol

Ro'n ni'n cael mynd adre'n gynnar

Ro'n ni'n gwisgo cennin pedr a gwisg Gymreig

Ro'n ni'n cael twmpath dawns yng Nghlwb yr Urdd

Ro'n ni'n gwrando ar Dad-cu'n dweud stori Dewi Sant

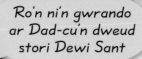

Ro'n ni'n mynd i ginio Gŵyl Dewi yn y capel

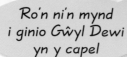

Stori Dewi Sant

Roedd Dewi yn byw yn Nyfed. Non oedd enw ei fam, a Sandde oedd enw ei dad. Roedd Dewi'n mynd i'r ysgol yn Henfynyw, yn agos at Aberaeron. Peulin oedd enw ei athro. Un diwrnod, doedd Peulin ddim yn teimlo'n dda. Yn sydyn, doedd e ddim yn gallu gweld. Rhoiodd Dewi ei ddwylo ar lygaid Peulin ac roedd e'n gallu gweld unwaith eto.

Mynach[1] oedd Dewi, mewn mynachlog[2] yn agos at Dyddewi. Roedd bywyd mynach yn anodd. Roedd Dewi'n cael bara a dŵr bob dydd. Un diwrnod, roedd Dewi'n dysgu llawer o bobl yn Llanddewibrefi. Doedd y bobl yn y cefn ddim yn gallu gweld Dewi. OND... pan ddechreuodd e siarad, cododd y tir[3] o dan draed Dewi! Nawr, roedd pawb yn gallu clywed a gweld popeth. Roedd Dewi bob amser yn dweud wrth y bobl: "Rhaid i chi fyw[4] yn hapus gyda'ch gilydd[5]."

Cyn marw, dwedodd Dewi: "Gwnewch y pethau bach." Buodd Dewi farw[6] ar 1 Mawrth, 589. Dyna pam dyn ni'n dathlu dydd Gŵyl Dewi ar 1 Mawrth.

[1] *monk* [2] *monastery* [3] *earth*
[4] *you must live* [5] *together* [6] *Dewi died*

Arferion plentyndod *Childhood customs*

1.

Pan o'n i'n blentyn...	*When I was a child...*
ro'n i'n arfer darllen y Beano	*I used to read the Beano*
ro'n i'n arfer gwylio'r Clangers	*I used to watch the Clangers*
ro'n i'n arfer mynd i'r maes chwarae	*I used to go to the playground*
do'n i ddim yn arfer bwyta llysiau	*I didn't use to eat vegetables*
do'n i ddim yn arfer hoffi cŵn	*I didn't use to like dogs*
do'n i ddim yn arfer gwrando ar y radio	*I didn't use to listen to the radio*

 Ymarfer

a. Beth o'ch chi'n arfer wneud pan o'ch chi'n blentyn?

b. Ydy eich plant chi'n gwneud y pethau hynny nawr? Siaradwch â'ch partner.

chwarae

darllen

gwylio

gwisgo

hoffi

bwyta

mynd i

canu

gwyliau

nodiadau   ■ *Ro'n i'n arfer darllen* = I used to read   *Ro'n i'n darllen* = I used to read   *or*   I was reading

c. Holwch 4 person am eu plentyndod *(childhood)*, a llenwch y grid.
Ysgrifennwch ddau beth ym mhob bocs.

Felicity	arfer wneud	chwarae badminton, mynd ar wyliau i Sir Benfro
	ddim yn arfer wneud	bwyta salad, gwisgo sgert
	arfer wneud	
	ddim yn arfer wneud	
	arfer wneud	
	ddim yn arfer wneud	
	arfer wneud	
	ddim yn arfer wneud	
	arfer wneud	
	ddim yn arfer wneud	

'Slawer dydd…

. . .roedd Bob yn arfer chwarae hoci. Dyw e ddim yn chwarae hoci erbyn hyn.

. . .roedd Bob yn arfer casáu tomato. Mae e'n casáu tomato o hyd.

. . .doedd Bob ddim yn arfer bwyta salad. Mae e'n bwyta salad erbyn hyn.

. . .doedd Bob ddim yn arfer gyrru beic modur. Dyw e ddim yn gyrru beic modur o hyd.

Gwnewch frawddegau am Bob.

canu mewn côr	'Slawer dydd ✔	Nawr ✘
codi'n gynnar	'Slawer dydd ✔	Nawr ✔
smwddio ei ddillad	'Slawer dydd ✘	Nawr ✔
gwylio ffilmiau	'Slawer dydd ✘	Nawr ✘

 Siarad (rhan 1): Darllen yn Uchel

Speaking (part 1): Reading Aloud

You and the interviewer must read the dialogue aloud. You will have 2 minutes to look at the piece after going into the oral test. Your lines are in bold print.

Cyfwelydd: *Interviewer :*	Prynhawn da.
Ymgeisydd: *Candidate:*	**Prynhawn da. Ble mae'r Coleg, os gwelwch chi'n dda?**
Cyfwelydd:	Coleg Merthyr?
Ymgeisydd:	**Ie. Mae dosbarth gyda fi am chwech o'r gloch.**
Cyfwelydd:	Mae'r Coleg ar bwys y dafarn. Dych chi'n mynd i'r cwrs Cymraeg?
Ymgeisydd:	**Ydw. Y tiwtor yw Rhian Lloyd. Dych chi'n nabod Rhian?**
Cyfwelydd:	Ydw, wrth gwrs. Pob hwyl i chi.
Ymgeisydd:	**Diolch yn fawr am eich help.**

Geirfa Uned 48

de	*south*
dwyrain	*east*
gogledd	*north*
gorllewin	*west*
cawod(ydd)	*shower(s)*
tipyn (o)	*some*
call	*sensible, wise*
drwg	*bad*
gwaeth	*worse*
bwrw cesair	*to hail*
gwella	*to improve*
oeri	*to get cold(er)*
para	*to last*
am sbel	*for a while*
ledled	*throughout*

pob rhan
  o'r wlad
	*every part of
	  the country*

yn dal yn braf	*still fine*

Cân **Dros Gymru'n Gwlad** (dyw'r gân hon ddim ar y CD)

Tôn: *Finlandia*

Dros Gymru'n gwlad, o Dad, dyrchafwn gri,
Y winllan wen a roed i'n gofal ni;
D'amddiffyn cryf a'i cadwo'n ffyddlon byth,
A boed i'r gwir a'r glân gael ynddi nyth;
Er mwyn dy Fab a'i prynodd iddo'i hun,
O crea hi yn Gymru ar dy lun.

O deued dydd pan fo awelon Duw
Yn chwythu eto dros ein herwau gwyw,
A'r crindir cras dan ras cawodydd nef
Yn erddi Crist, yn ffrwythlon iddo ef,
A'n heniaith fwyn â gorfoleddus hoen
Yn seinio fry haeddiannau'r addfwyn Oen.

Lewis Valentine, 1893-1986

A dyma'r tywydd

And here is the weather

Thema: y tywydd
Theme: weather

Cynnwys:

- the weather – past, present and future

1.

Mae hi'n braf heddiw	*It's fine today*
Dyw hi ddim yn oer	*It's not cold*
Roedd hi'n braf ddoe	*It was fine yesterday*
Doedd hi ddim yn oer	*It wasn't cold*
Bydd hi'n braf fory	*It will be fine tomorrow*
Fydd hi ddim yn oer	*It won't be cold*

2.

Bydd hi'n heulog yn y gogledd	*It will be sunny in the north*
Bydd hi'n bwrw glaw ledled Cymru	*It will rain throughout Wales*
Fydd hi ddim yn wyntog ym Mangor	*It won't be windy in Bangor*
Fydd hi ddim yn niwlog yn Abertawe	*It won't be foggy in Swansea*

3.

Sut mae'r tywydd yn y gorllewin?	*What's the weather like in the west?*
Sut oedd y tywydd yn Lloegr?	*What was the weather like in England?*
Sut bydd y tywydd ym Mhontypridd?	*What will the weather be like in Pontypridd?*
Sut mae hi yn y de heddiw?	*What's it like in the south today?*
Sut oedd hi yn Iwerddon ddoe?	*What was it like in Ireland yesterday?*
Sut bydd hi yn Eryri fory?	*What will it be like in Snowdonia tomorrow?*

4.

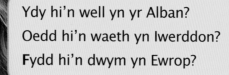

Ydy hi'n well yn yr Alban?	Ydy / Nac ydy	*Is it better in Scotland?*	*Yes / No*
Oedd hi'n waeth yn Iwerddon?	Oedd / Nac oedd	*Was it worse in Ireland?*	*Yes / No*
Fydd hi'n dwym yn Ewrop?	Bydd / Na fydd	*Will it be hot in Europe?*	*Yes / No*

nodiadau   ■ Sometimes *yfory* is shortened to *fory*.

Pen-y-bont

Mawrth	Mercher *(heddiw)*	Iau
31 Mawrth	**01 Ebrill**	**02 Ebrill**
Cawodydd	Heulog	Gwyntog
Uchel 13°C Isel 4°C	Uchel 19°C Isel 4°C	Uchel 15°C Isel 3°C

Dolgellau

Mawrth	Mercher *(heddiw)*	Iau
31 Mawrth	**01 Ebrill**	**02 Ebrill**
Cymylog	Clir	Cawodydd Eira
Uchel 15°C Isel 5°C	Uchel 10°C Isel 2°C	Uchel 6°C Isel -1°C

🪨 Ymarfer

a. Siaradwch am dywydd ddoe, heddiw ac yfory (patrwm 1)

b. Sut bydd y tywydd dros Brydain? (patrymau 2 a 3)

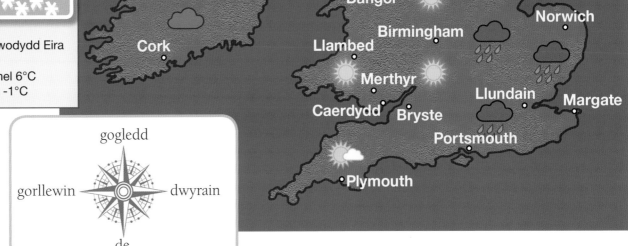

gogledd

gorllewin — dwyrain

de

Ymarfer

a. Dych chi'n cofio tywydd Pen-y-bont a Dolgellau? Holwch eich partner.

> Ydy hi'n braf ym Mhen-y-bont heddiw?

> Dw i ddim yn cofio, sori. Ga' i edrych?

b. Sut bydd y tywydd ble dych chi'n byw? Edrychwch gyda'ch plentyn ar **www.bbc.co.uk/cymru/tywydd**. Mae'r tywydd yn Gymraeg!

Here are some more words commonly used in a weather bulletin. They may come up in the exam.

enw *(noun)*	ansoddair *(adjective)*
glaw	glawiog
haul	heulog
gwynt	gwyntog
niwl	niwlog
cwmwl, cymylau	cymylog
storm	stormus

🎓 Gwrando (rhan 2): Bwletin Tywydd
Listening (part 2): Weather Bulletin

Finish these sentences on the basis of the information in the bulletin (on the CD). You will not lose marks for spelling mistakes.

1. Ddoe, roedd hi'n _____

2. Nawr, mae hi'n _____

3. Yfory, bydd hi'n _____

4. Wythnos nesa, bydd hi'n _____

Deialog

Mae Manon a Madog yn mynd allan i chwarae.

Rhiant:	Ble dych chi'n mynd, blant?
Plant:	Mas i **chwarae yn y mwd**!
Rhiant:	Ddim yn eich dillad ysgol, plîs. Byddwch yn gall.
	(Mae Manon a Madog yn newid)
Rhiant:	Dyna well. Ble mae'ch **welis** chi?
Plant:	O, ie. Dyma nhw.
Rhiant:	Peidiwch mynd yn bell. Bydd **swper** mewn **hanner awr**.

Geirfa Uned 49

 Cân Bwrw glaw yn sobor iawn

(traddodiadol)

Bwrw glaw yn sobor iawn,
Wel dyma bnawn anghynnes;
'Mochel dan fy ymbarél
A cherdded fel brenhines.

Holi hwn a holi hon
A holi John Dwygeiniog –
Pwy yw hwn â'r ymbarél?
On'd yw e'n bert gynddeiriog!

bwthyn	*cottage*
cocos	*cockles*
gaeaf	*winter*
gwanwyn	*spring*
haf	*summer*
hydref	*autumn*
naid **bynji**	*bungee jump*
opera **sebon**	*soap opera*
tafarn(au)	*pub(s)*
pori'r we	*to surf the web*
hawdd	*easy*
ar lan yr afon	*on the river bank*
unman	*anywhere*
byth	*never*
droeon	*many times*
ddwywaith	*twice*
erioed	*ever, never*

Dyn ni'n mynd ar wyliau!

We're going on holiday!

Themâu: teithio, hamdden
Themes: travel, leisure

Cynnwys:

- *discussing past and future holidays*
- *discussing leisure activities*

> Y llynedd, aethon ni i'r Swistir yn y gwanwyn. Teithion ni yn y car, achos roedd sgis gyda ni. Aethon ni gyda Mam a Dad. Arhoson ni mewn chalet. Bwyton ni lawer o gaws a siocled – ro'n nhw'n wych! Roedd y tywydd yn dda, hefyd. Roedd hi'n heulog, ond cawson ni ddigon o eira.

> Eleni, dyn ni'n mynd ar long ar afon Avon yn yr hydref. Dyn ni'n teithio yno ar y trên, achos dyn ni ddim yn mynd â llawer o stwff. Dyn ni'n mynd gyda theulu fy mrawd. Dyn ni'n mynd i gysgu ar y llong, wrth gwrs. Dyw hi ddim yn hawdd coginio i naw person ar long, felly dyn ni'n mynd i fwyta mewn tafarnau ar lan yr afon. Gobeithio bydd y tywydd yn braf.

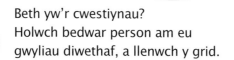

Beth yw'r cwestiynau?
Holwch bedwar person am eu gwyliau diwethaf, a llenwch y grid.

enw	mynd i	pryd	mynd gyda	teithio	aros	bwyta	tywydd

Nawr, holwch eich partner am wyliau nesa'r teulu. Beth yw'r cwestiynau?

1. Profiadau gwyliau *Holiday experiences*

Dw i wedi teithio mewn awyren unwaith	*I've travelled by plane once*
Dw i wedi aros mewn hostel ddwywaith	*I've stayed in a hostel twice*
Dw i wedi bwyta cocos droeon	*I've eaten cockles many times*
Dw i ddim erioed wedi aros mewn carafan	*I've never stayed in a caravan*
Wyt ti erioed wedi aros mewn bwthyn?	*Have you ever stayed in a cottage?*
Sawl gwaith wyt ti wedi teithio ar long?	*How many times have you travelled by ship?*

mynd mewn balŵn

dringo mynydd

Ymarfer

Ydy eich partner chi erioed wedi gwneud y pethau yn y lluniau?
Os ydy e / hi, sawl gwaith?

yfed coctel

bwyta *sushi*

bod ar y teledu

mynd ar gefn tandem

aros mewn pabell

canu *karaoke*

2. Arferion hamdden *Leisure habits*

Dw i'n mynd i'r traeth weithiau	*I go to the beach sometimes*
Dw i'n gwneud cacennau yn aml	*I make cakes often*
Dw i'n darllen gyda'r plant bob dydd	*I read with the children every day*
Dw i'n canu'r piano unwaith yr wythnos	*I play the piano once a week*
Dw i byth yn edrych ar opera sebon	*I never watch a soap opera*
Pa mor aml dych chi'n pori'r we?	*How often do you surf the web?*

chwarae cuddio

gweld eliffant

nodiadau

■ To say that something never **has happened** (past tense), use *erioed*: *Dw i ddim erioed wedi gweld panda*   I've never seen a panda
■ To say that something never **happens** (present tense), use *byth*: *Dw i byth yn mynd i'r llyfrgell*   I never go to the library

Ymarfer

Pa mor aml dych chi a'ch plant yn gwneud y pethau hyn?
Beth am eich partner a'i blant e / ei phlant hi?

	chi a'ch plant	eich partner a'i blant / phlant
mynd i'r ganolfan hamdden		
gwylio rhaglen Gymraeg		
mynd i ffair yn yr ysgol		
siopa yn y dre		
coginio rhywbeth neis		
canu cân yn y car		
garddio		
mynd mas ar y beic		

 ## Ysgrifennu (rhan 1): Cerdyn post
Writing (part 1): Postcard

Write a postcard containing all these words. They do not have to be in this order. You should write between 50-60 words.

ddoe	yfory	Sbaen	braf	gweld

9 Mehefin 2012

Annwyl Dai

_____

_____

_____   Dai Efans
                                       5 Lôn y Dre
_____   Glyn Coed
                                       Cymru
_____   LL4 6TA

Pob hwyl _____

Deialog

Mae'r teulu'n siarad am eu gwyliau haf.

Rhiant: Ble wyt ti eisiau mynd ar wyliau eleni, bach?

Plentyn: Wel, mae **Aled a Nerys** yn mynd i **Fangor**.

Rhiant: Dyn ni ddim erioed wedi bod yn **y gogledd**.

Plentyn: Beth am aros **mewn carafan**?

Rhiant: Ie, wir. Dwyt ti ddim erioed wedi aros **mewn carafan**.

Plentyn: Ffantastig! Gawn ni fwyta **cocos**?

Rhiant: Cawn, siŵr. **Cocos** i frecwast, cinio a swper bob dydd.

Geirfa Uned 49

barf	*beard*
mwstash	*moustache*
dinas	*city*
Groeg	*Greece*
Gwlad yr Iâ	*Iceland*
pentre	*village*
byr	*short*
cyrliog	*curly*
golau	*light*
golygus	*handsome*
pell	*far*
rhad	*cheap*
syth	*straight*
tal	*tall*
tawel	*quiet*
tenau	*thin*
tew	*fat*
tywyll	*dark*

 Cân **Milgi, Milgi** (traddodiadol)

Ar ben y bryn mae sgwarnog fach, ar hyd y nos mae'n pori,
A'i chefen brith a'i bola bola gwyn yn hidio dim am filgi.

Cytgan
Milgi milgi milgi milgi, rhowch fwy o fwyd i'r milgi,
Milgi milgi milgi milgi, rhowch fwy o fwyd i'r milgi.

2. Ac wedi rhedeg tipyn tipyn bach, mae'n rhedeg mor ofnadwy,
    Ac un glust lan a'r llall i lawr, yn dweud "ffarwél i'r milgi".

3. 'Rôl rhedeg sbel mae'r milgi chwim yn teimlo'i fod e'n blino,
    A gweler ef yn swp yn swp ar lawr mewn poenau mawr yn gwingo.

4. Ond dal i fynd wna'r sgwarnog fach a throi yn ôl i wenu,
    Gan sboncio'n heini dros y bryn yn dweud "ffarwél i'r milgi".

Banc geirfa teithio a gwyliau

Travel and Holiday Bank

Cymraeg	Saesneg
Lleoedd i aros	*Places to stay*
bwthyn	*cottage*
carafan	*caravan*
fila	*villa*
fferm	*farm*
goleudy	*lighthouse*
gwely a brecwast	*bed and breakfast*
gwesty	*hotel*
hostel ieuenctid	*youth hostel*
hunan-arlwyo	*self-catering*
neuadd breswyl	*halls of residence*
pabell	*tent*
parc gwyliau	*holiday park*
tŷ ffrindiau	*friends' house*
Dulliau teithio	*Modes of travel*
awyren	*aeroplane*
balŵn	*balloon*
beic modur	*motorcycle*
beic, -iau	*bicycle(s)*
bws	*bus*
car	*car*
carafan fodur	*motor caravan*
hofrennydd	*helicopter*
llong	*ship, boat*
llong ofod	*spaceship*
tacsi	*taxi*
taith gerdded	*hike*
tram	*tram*
trên	*train*

Cymraeg	Saesneg
Gweithgareddau a lleoedd i ymweld â nhw	*Activities and places to visit*
amgueddfa, -feydd	*museum(s)*
barbeciw	*barbeque*
castell / cestyll	*castle(s)*
cyngerdd, cyngherddau	*concert(s)*
dawnsio gwerin	*folk dancing*
dringo mynyddoedd	*mountain climbing*
ffair	*funfair*
ffair grefftau	*craft fair*
gêm, gemau	*game(s)*
glan y môr	*seaside*
gwarchodfa natur	*nature reserve*
gwibgartio	*go-karting*
helfa drysor	*treasure hunt*
hwyl gyda ffrindiau	*fun with friends*
hwylio llong	*sailing a ship*
merlota	*pony trekking*
mordaith	*cruise*
peintio wynebau	*face painting*
rhwyfo cwch	*rowing a boat*
sgïo	*skiing*
sioe bypedau	*puppet show*
siopa	*shopping*
tafarn, -au	*public house(s)*
taith feicio	*cycling trip*
ymweld â fferm	*visiting a farm*

Cymraeg	Saesneg		Cymraeg	Saesneg
Gwledydd	*Countries*			
America	*America*		Japan	*Japan*
Awstralia	*Australia*		Lloegr	*England*
Awstria	*Austria*		Mecsico	*Mexico*
Brasil	*Brazil*		Norwy	*Norway*
Canada	*Canada*		Rwsia	*Russia*
Corea	*Korea*		Sbaen	*Spain*
Cymru	*Wales*		Seland Newydd	*New Zealand*
De Affrica	*South Africa*		Sweden	*Sweden*
Denmarc	*Denmark*		Tsieina	*China*
Ffrainc	*France*		Twrci	*Turkey*
Gwlad Belg	*Belgium*		y Ffindir	*Finland*
Gwlad Groeg	*Greece*		y Swistir	*Switzerland*
Gwlad Pwyl	*Poland*		yr Aifft	*Egypt*
Gwlad Thai	*Thailand*		yr Alban	*Scotland*
Gwlad yr Iâ	*Iceland*		yr Almaen	*Germany*
Hwngari	*Hungary*		yr India	*India*
Indonesia	*Indonesia*		yr Iseldiroedd	*Netherlands*
Iwerddon	*Ireland*			

Anagramau

Pa wledydd yw'r rhain?

crafnif _____

camnerd _____

owenddir _____

dinanisoe _____

cicmoes _____

rhinwag _____

siaralwta _____

ry droildeedis ____ _____

deesnw _____

grolel _____

daaanc _____

nastiie _____

Anagramau:
atebion

Tsieina
Canada
Lloegr
Sweden
yr Iseldiroedd
Awstralia
Hwngari
Mecsico
Indonesia
Iwerddon
Denmarc
Ffrainc

Mae Groeg yn wlad dwym

Greece is a hot country

Themâu: teithio, y corff
Themes: travel, the body

Cynnwys:

- *Describing places*
- *Describing people*

1.

Mae Groeg yn _wlad **dwym**	*Greece is a hot country*
Mae Caerdydd yn **dd**inas **f**awr	*Cardiff is a large city*
Mae Caerfyrddin yn **d**re **b**rysur	*Carmarthen is a busy town*
Mae Llanddewibrefi yn **b**entre tawel	*Llanddewibrefi is a quiet village*

2.

Sut _wlad yw Twrci?	*What sort of country is Turkey?*
Sut **dd**inas yw Caerdydd?	*What sort of city is Cardiff?*
Sut **d**re yw Caerfyrddin?	*What sort of town is Carmarthen?*
Sut **b**entre yw Llanddewibrefi?	*What sort of village is Llanddewibrefi?*

Seland Newydd	mawr
Lwcsembwrg	twym
Gwlad yr Iâ	bach
Groeg	oer
Rwsia	pell
Tasmania	drud
Y Swistir	rhad

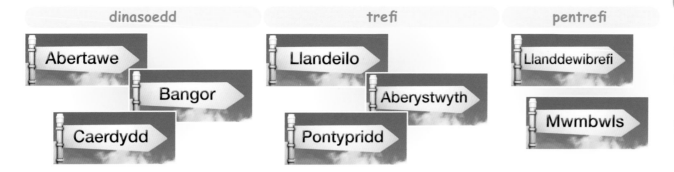

dinasoedd	trefi	pentrefi
Abertawe	Llandeilo	Llanddewibrefi
Bangor	Aberystwyth	Mwmbwls
Caerdydd	Pontypridd	

 Ymarfer

a. Sut wlad yw Groeg? Parwch y geiriau uchod, a holwch eich partner.

b. Sut ddinas yw Abertawe? Siaradwch â'ch partner am y llefydd ar y chwith.

nodiadau

- *Sut* before a noun means *What sort of...* and needs a soft mutation.

  *Sut **b**erson?* What sort of person?   *Sut **l**e?* What sort of place?   *Sut **f**wyd?* What sort of food?

- Another common pattern which has the same meaning is *Pa fath o **berson** / **le** / **fwyd**?*

3.

Mae barf gyda Hans	*Hans has got a beard*
Mae gwallt hir melyn gyda Jemima	*Jemima has got long blonde hair*
Mae llygaid glas gyda Liz	*Liz has got blue eyes*
Does dim sbectol gyda Darren	*Darren doesn't have glasses*

4.

Sut un yw Hans?	*What's Hans like?*
Sut un yw Myfanwy?	*What's Myfanwy like?*
Sut un yw e / hi?	*What's he / she like?*

Jemima

Darren

Hans

Takahiro

Myfanwy

Liz

Dolores

Fernando

Ymarfer

a. Disgrifiwch y bobl yn y lluniau

b. Caewch y llyfr. Faint dych chi'n gofio am y bobl?

5.

Mae Jeff yn **d**al ofnadwy	*Jeff is awfully tall*
Mae'r ci braidd yn **f**yr	*The dog is rather short*
Dyw Deian ddim yn **d**ew	*Deian isn't fat*
Dyw e ddim yn rhy **d**enau	*He's not too thin*

Gyda'ch plentyn

Siaradwch â'ch partner (a'ch plentyn) am yr anifeiliaid (patrwm 5)

Jeff

Macsen

Gladys

Anwen   Carwyn   Emrys   Deian

Ysgrifennu (rhan 2): Portread
Writing (part 2): Portrait

Write 5 sentences about Rhian using the information in the surrounding pictures.

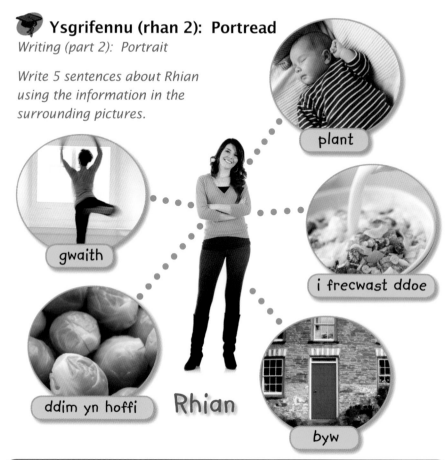

plant

gwaith

i frecwast ddoe

ddim yn hoffi   Rhian   byw

Dyma Rhian

1. _____

2. _____

3. _____

4. _____

5. _____

Deialog

Mae Elis wedi cael athrawes newydd.

Rhiant:	Beth yw enw dy **athrawes** newydd di, 'te?
Plentyn:	**Mrs Olga Blair.**
Rhiant :	A sut un yw **hi**?
Plentyn:	Mae **hi**'n **dal** ac yn **denau**.
Rhiant :	Ond sut un yw **hi**? Ydy **hi**'n **neis**?
Plentyn:	**Neis**? **Na'dy**. Mae **hi**'n **gas ofnadwy**.
Rhiant :	O, dyna ni, 'te. Byddi di'n iawn.

Geirfa Uned 51

clustdlysau	*earrings*
ffenestr(i)	*window(s)*
lawnt	*lawn*
lifft	*lift*
neges	*message*
peiriant CD	*CD player (machine)*
tân	*fire*
adeiladwr	*builder*
gweithiwr swyddfa	*office worker*
gyrrwr ambiwlans	*ambulance driver*
heddlu	*police*
trydanwr	*electrician*
cefnogi tîm	*to support a team*
dweud y gwir	*to tell the truth*
pwysig	*important*
ddim yn gallu diodde(f)	*can't stand*

🎵 **Cân** Jeff y Jiraff
Tôn: *Ji Ceffyl Bach* (traddodiadol)

> Jeff y jiraff, Jeff y jiraff
> Sut un wyt ti? Sut un wyt ti?
> Dw i'n dal, dw i'n dal, ofnadwy o dal!
> Dw i'n dal, dw i'n dal, ofnadwy o dal!

2. Anwen yr arth   tew
3. Carwyn y ci   byr
4. Gladys y gath   tenau

Uned Adolygu

Adolygu Unedau 45 - 50
Revision of Units 45 - 50

uned 45
1. Beth **wyt ti**'n feddwl o **Cyw**?
2. **Mae e**'n **annwyl**
3. **Dyw e** ddim yn **dda** iawn

uned 46
1. **Ro'n i** yn y tŷ am **wyth**
2. **Ro'n i**'n **bwyta** am **wyth**
3. Ble **o't ti** am **ddeg**? Beth **o't ti**'n wneud am **ddau**?
4. **O't ti** yn y tŷ bore 'ma?   O'n / Nac o'n

uned 47
1. Pan o'n i'n blentyn…
   …ro'n i'n arfer **darllen y Beano**
   …do'n i ddim yn arfer **bwyta llysiau**

uned 48
1. **Mae** hi'n **braf heddiw**   **Dyw** hi ddim yn **oer**
2. Sut **mae**'r tywydd yn **y gorllewin**?
3. Bydd hi'n **heulog** yn **y gogledd**   Fydd hi ddim yn **wyntog ym Mangor**
4. **Ydy** hi'n **well yn yr Alban**?

uned 49
1. Dw i wedi **teithio mewn**   Sawl gwaith wyt ti wedi
   awyren unwaith   **teithio ar long**?

   Wyt ti erioed wedi **aros**
   mewn bwthyn?

2. Dw i'n **mynd i'r traeth weithiau**   Pa mor aml dych chi'n pori'r we?

uned 50
1. Mae **Groeg** yn **wlad dwym**
2. Sut **wlad** yw **Twrci**?
3. **Mae barf** gyda **Hans**
4. Sut un yw **Hans**?
5. **Mae Jeff** yn **dal ofnadwy**

Gweithgareddau Adolygu

uned 45

Gwnewch restr o 10 person enwog.
Beth dych chi'n feddwl o'r bobl hyn?
Siaradwch â'ch partner.

1. _____
2. _____
3. _____
4. _____
5. _____
6. _____
7. _____
8. _____
9. _____
10. _____

> Mae Barbara Beckford yn bert, ond dyw hi ddim yn dalentog iawn.

> Dw i ddim yn gallu diodde Billy Ravage! Dyw e ddim yn ddoniol o gwbl.

> Na'dy, ond mae e'n olygus iawn, on'd yw e?

uned 46

a. Darllenwch y brawddegau. Caewch y llyfr. Dych chi'n cofio ble oedd pawb, a beth o'n nhw'n wneud?

Roedd Anti Jen yn cysgu o flaen y tân.

Roedd Dad yn siarad â rhywun yn y swyddfa.

Roedd Mam-gu'n glanhau'r ffenestri yn y capel.

Roedd Gwilym yn torri'r lawnt yn y capel.

Roedd Sandra'n rhoi lifft i rywun i'r siopau.

Roedd Dad-cu'n darllen neges bwysig yn ei ystafell.

b. Ble oedd eich partner ddoe, a beth oedd e / hi'n wneud? Holwch, a llenwch y grid.

Am faint o'r gloch?	Ble?	Beth?
8.30		
11.00		
3.15		
6.30		
8.45		

uned 47

a.   Pan o'ch chi'n blentyn, o'ch chi'n gwneud y pethau hyn?
Holwch eich partner, a rhowch ✔ neu ✘ yn y grid.

	chi	partner
helpu Mam neu Dad yn y gegin		
cefnogi tîm pêl-droed neu rygbi		
gwisgo clustdlysau		
canu mewn côr		
dweud y gwir bob amser		

b.   Pan o'ch chi'n blentyn, oedd y pethau hyn gyda chi?

	chi	partner
sgwter		
beic		
felt pens		
cot duffle		
peiriant CD		

c.   Pan o'ch chi'n blentyn, pa swydd o'ch chi eisiau gwneud
ar ôl tyfu? (after growing up)

ysgrifenyddes	trydanwr	gyrrwr ambiwlans
actor	athro	chwaraewr rygbi
nyrs	meddyg	pennaeth cwmni
ffermwr	mecanic	gweithiwr swyddfa
arlunydd	dawnsiwr	menyw ginio

Ro'n i eisiau bod yn diwtor Cymraeg!

uned 48

a.   Gwnewch frawddegau fel yr esiampl.

✔   cymylog   Pontypridd   neithiwr

Roedd hi'n gymylog ym Mhontypridd neithiwr.

✘   braf   Llundain   bore ddoe
?   gwyntog   Wrecsam   heddiw
✔   bwrw glaw   Aberaeron   pnawn 'ma
✘   oer   tu allan   heno
?   stormus   Y Barri   fory
✔   twym   Cymru   dros y penwythnos

b.   Ble aethoch chi ar wyliau eleni a llynedd? Sut oedd y tywydd?

Aethon ni i'r Ffindir yn y gwanwyn.
Doedd hi ddim yn oer.

c.   Newidiwch y geiriau trwm.

Mae'n hyfryd
heddiw, on'd yw hi!

uned 49

a. Holwch eich partner. Newidiwch y geiriau trwm.

> Wyt ti erioed wedi bwyta **haggis**?

> Wyt ti erioed wedi teithio mewn **hofrennydd**?

> Wyt ti erioed wedi aros mewn **fila**?

Os ydy eich partner wedi gwneud y pethau hyn, holwch "*Sawl gwaith...?*"

b. Pa mor aml dych chi'n gwneud y pethau hyn gyda'ch plant?
Holwch eich partner.

gwrando ar gerddoriaeth

bwyta allan

gwneud crefftau

gwylio opera sebon

chwarae gêm fwrdd

mynd i eisteddfod

uned 50

a. Holwch eich partner am ddwy wlad, dwy ddinas, dwy dref, a dau bentref.

> Sut **ddinas** yw **Paris**?

b. Dewiswch berson o'r grid.
Dwedwch sut berson yw e / hi.
Bydd eich partner yn dyfalu (*guess*) pwy yw'r person.

> Mae e'n **weddol ifanc**, ac mae e'n **fyr**.
> Mae **llygaid glas** gyda fe, a **gwallt byr coch**.

	tal / byr	llygaid	gwallt	rhywbeth arall	sbectol
Ann, 53	byr	brown	hir coch	clustdlysau	✔
David, 22	tal iawn	gwyrdd	syth melyn	barf	✘
Bert, 67	gweddol fyr	glas	cyrliog	sgarff ddu	✔
Cerys, 29	tal iawn	tywyll	byr brown	menig du	✘
Arwyn, 24	tal	llwyd	dim	mwstash	✔
Val, 48	tal	tywyll	syth melyn	cot wen	✘
Llew, 39	byr	glas	byr coch	clustdlysau	✔
Maria, 74	tal	gwyrdd	byr melyn	het las	✘
Tom, 63	gweddol fyr	brown	dim	barf	✔

Yr Amherffaith
The Imperfect

Positif *Positive*

	PRESENNOL	AMHERFFAITH
fi	dw i	ro'n i
ti	rwyt ti	ro't ti
fe/hi	mae e / hi	roedd e / hi
ni	dyn ni	ro'n ni
chi	dych chi	ro'ch chi
nhw	maen nhw	ro'n nhw

Cwestiynau *Questions*

fi	ydw i?	o'n i?
ti	wyt ti?	o't ti?
fe/hi	ydy e / hi?	oedd e / hi?
ni	ydyn ni?	o'n ni?
chi	dych chi?	o'ch chi?
nhw	ydyn nhw?	o'n nhw?

Negyddol *Negative*

fi	dw i ddim	do'n i ddim
ti	dwyt ti ddim	do't ti ddim
fe/hi	dyw e / hi ddim	doedd e / hi ddim
ni	dyn ni ddim	do'n ni ddim
chi	dych chi ddim	do'ch chi ddim
nhw	dyn nhw ddim	do'n nhw ddim

BWYDLEN

Pastai bugail	£3.95
Cig oen gyda saws llysiau a grefi	£4.50
Cyrri cig eidion neu dwrci	£4.25
Porc rhost	£5.20
Pizza cartref gyda thomato a chaws	£3.50
Ffa pob	80c
Moron	40c
Brocoli a moron	60c
Tatws hufennog	40c
Tatws stwnsh neu basta	40c
Reis brown a gwyn	30c
Tatws rhost	50c
Tatws pob	65c

Geirfa Uned 52

bwydlen	*menu*	fel hyn	*like this*
pecyn	*packet*	o'r gorau, 'te	*all right, then*
potelaid o	*a bottle of*		
		rheina (y)	*those*
ar y we	*on the web*		
marchnad	*market*	cyfan	*whole*
siop ddillad	*clothes shop*		
siop fara	*baker's*	ceiniog	*penny*
siop ffrwythau	*grocer's*	pris	*price*
siop lyfrau	*bookshop*	punt	*pound*
siop y cigydd	*butcher's*		
		trueni	*(a) pity*
		costio	*to cost*

dechrau →

Beth dych chi'n feddwl o *Coronation Street*?

Pa ffilm dych chi wedi gweld yn ddiweddar? (recently). Beth o'ch chi'n feddwl o'r ffilm?

Beth mae eich plant yn feddwl o'u hysgol?

Ble o'ch chi am 2.00 p'nawn ddoe?

Beth oedd eich plant chi'n wneud am 4.00 ddoe?

O'ch chi gartre neithiwr? Beth o'ch chi'n wneud?

Sut berson dych chi?

Pan o'ch chi'n blentyn, o'ch chi'n bihafio'n dda?

Sut berson yw eich partner?

Trac adolygu

Pan o'ch chi'n fach, beth o'ch chi'n wneud ar eich pen-blwydd?

Sut wlad yw Japan?

Pan o'n nhw'n blant, ble oedd eich rhieni chi'n arfer chwarae?

Pa mor aml wyt ti'n gyrru i'r dre?

Sawl gwaith wyt ti wedi bod yn Sbaen?

Wyt ti erioed wedi coginio lasagne?

Ydy'r tywydd yn well heddiw yng Nghymru, neu yn Lloegr?

Fydd hi'n braf fory, dych chi'n meddwl?

Sut oedd y tywydd ddoe?

52

Faint yw pris hwnna?

How much is that?

Themâu: siopa, rhifo, bwyd a diod
Themes: shopping, counting, food and drink

Cynnwys:

- *money*
- *prices*

1.

Faint yw pris siwmper?	*How much is a jumper?*
Faint yw pris hwn?	*How much is this?*
Faint yw pris hwnna?	*How much is that?*
Faint yw pris rhain?	*How much are these?*
Faint yw pris rheina?	*How much are those?*

2.

punt	*a pound*
dwy **b**unt	*two pounds*
tair punt yr un	*three pounds each*
pedair punt y kilo	*four pounds a kilo*
pum punt y bocs	*five pounds a box*

10c	deg ceiniog
62c	chwe deg dau **g**einiog
£1	punt
£2.50	dwy **b**unt pum deg
£9.99	naw punt naw deg naw
£20	ugain punt
£30	tri deg punt
£50	pum deg punt
£100	can punt
£200	dau **g**an punt
£300	tri **ch**an punt
£550	pum cant pum deg punt
£1000	mil o **b**unnau
£2500	dwy **f**il pum cant o **b**unnau

 Ymarfer

a. Dwedwch y prisiau hyn.

40c	98c	£1.30
£2.20	£7.95	£19.99
£550	£1,200	£10,000

b. Parwch yr eitemau yn y lluniau â'r prisiau yn y bocs (patrymau 1 a 2).

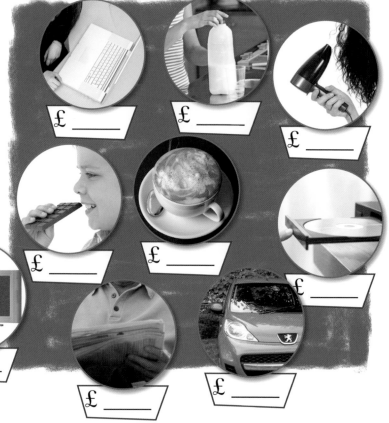

3.

Rwyt ti'n gallu prynu cylchgrawn mewn siop bapurau	*You can buy a magazine at a newsagent's*
Rwyt ti'n gallu prynu llysiau yn y farchnad	*You can buy vegetables at the market*
Dych chi'n gallu prynu petrol mewn garej	*You can buy petrol at a garage*
Ble wyt ti'n gallu prynu cylchgrawn?	*Where can you buy a magazine?*
Ble wyt ti'n gallu prynu llysiau?	*Where can you buy vegetables?*
Ble dych chi'n gallu prynu petrol?	*Where can you buy petrol?*

4.

Rwyt ti'n gallu prynu losin am **b**unt	*You can buy sweets for a pound*
Rwyt ti'n gallu prynu cloc larwm am **b**um punt	*You can buy an alarm clock for five pounds*
Dych chi'n gallu prynu gwisg ffansi am ugain punt	*You can buy a fancy dress for twenty pounds*
Beth wyt ti'n gallu brynu am £1?	*What can you buy for £1?*
Beth wyt ti'n gallu brynu am £5?	*What can you buy for £5?*
Beth dych chi'n gallu brynu am £20?	*What can you buy for £20?*

siop bapurau

archfarchnad

siop fara

garej

siop ffrwythau

ar y we

caffi

siop ddillad

marchnad

siop lyfrau

swyddfa'r post

siop y cigydd

Gyda'ch plentyn

a. Ble dych chi'n gallu
prynu'r eitemau hyn?
Defnyddiwch y bocs
ar y dde.

b. Pa eitemau dych chi'n
gallu prynu am £1, £5, £10,
£20...? Holwch eich partner

 tocyn llyfrau

 bara brith

 papur newydd

 paned o de

 amlen

 bresych

 selsig

 gwisg ffansi

 bocsaid o wyau

 pâr o sanau

 car newydd

 pensiliau lliw

Yn y caffi

a. Beth yw trefn gywir *(correct order)* y ddeialog? Rhowch rifau yn y bocsys.

	£8.60, os gwelwch chi'n dda. Diolch yn fawr. Hwyl fawr!
	Pnawn da. Ydw, plîs. ... Ga' i sgon a jam, os gwelwch chi'n dda.
	£1.00 am hanner, £1.80 am un gyfan.
	O, trueni. Faint yw pris *teacake*?
1	Pnawn da. Dych chi eisiau bwydlen?
	Does dim sgons, mae'n ddrwg gyda fi. Mae *teacakes* gyda ni.
	Iawn. Tair *teacake* a dau goffi, os gwelwch chi'n dda. Faint yw e i gyd?

 Gwrando (rhan 3): Amserau a phrisiau

Listening (part 3): Times and prices

You will hear 5 announcements about different events.

*Write the start times and the prices of these events in the appropriate columns. Use **numbers**, e.g. £5.75. You will receive no marks for using words.*

Beth	Amser dechrau *Defnyddiwch rifau* *Use numbers*	Pris *Defnyddiwch rifau* *Use numbers*
Gêm bêl-droed		
Cwrs Ffrangeg		
Clwb Cinio		
Cyngerdd		
Taith gerdded		

Deialog

Mae Dad yn siopa bwyd gyda Nic.

Plentyn: Ww, edrych, Dad. **Cacen siocled**! Gawn ni un?

Rhiant: Faint **yw** hi?

Plentyn: Dim ond **£4.99**.

Rhiant: **£4.99**! Na, mae hynny'n rhy ddrud.

Plentyn: (yn drist) O. Beth am **sleisys cwstard**, 'te?

Rhiant: Faint maen nhw'n gostio?

Plentyn: **£2.65**.

Rhiant: Wel o'r gorau, 'te. A **ffrwythau** hefyd.

Cân **Hen fenyw fach Cydweli** (traddodiadol)

Hen fenyw fach Cydweli yn gwerthu losin du,
Yn rhifo deg am ddime, ond unarddeg i mi.

> Wel dyna'r newydd gore ddaeth i mi, i mi
> Wel dyna'r newydd gore ddaeth i mi, i mi
> Oedd rhifo deg am ddime, ond unarddeg i mi.

2. Mi es i Faes y Croese – mi ges i groeso mawr,
   A fale wedi'u pobi, a stôl i ishte lawr.

> Wel dyna'r newydd gore ddaeth i mi, i mi
> Wel dyna'r newydd gore ddaeth i mi, i mi
> A fale wedi'u pobi, a stôl i ishte lawr.

3. Mae gen i fegin newydd, a honno'n llawn o wynt;
   Mae'r byd yn gwenu arnaf, fel yn y dyddie gynt.

> Wel dyna'r newydd gore ddaeth i mi, i mi...

Geirfa Uned 53

cyllell	*knife*
gwn	*gun*
wal	*wall*
cario	*to carry*
gwau	*to knit*
seiclo	*to cycle*
ymuno â	*to join*
drwy	*through*
gyferbyn â / ag	*opposite*
heibio i	*past*
lan / i fyny	*up*
lawr	*down*
rownd	*around*
rhwng	*between*
tu ôl i	*behind*

Dych chi ddim yn cael nofio fan hyn

You're not allowed to swim here

Thema: hamdden
Theme: leisure

Cynnwys:

- *what people are allowed to do*

- *what people are not allowed to do*

1.

Dych chi'n cael bwyta fan hyn	*You're allowed to eat here*
Dyn ni'n cael chwarae pêl-droed fan hyn	*We're allowed to play football here*
Dych chi ddim yn cael nofio fan hyn	*You're not allowed to swim here*
Dyn ni ddim yn cael seiclo fan hyn	*We're not allowed to cycle here*

2.

Mae Heledd yn cael gwrando ar y *Top 40*	*Heledd is allowed to listen to the Top 40*
Mae'r plant yn cael pori'r we	*The children are allowed to surf the internet*
Maen nhw'n cael chwarae gyda ffrindiau	*They're allowed to play with friends*
Dyw Emrys ddim yn cael dod allan i chwarae heno	*Emrys isn't allowed to come out to play tonight*
Dyw'r plant ddim yn cael seiclo i'r dre	*The children aren't allowed to cycle to town*
Dyn nhw ddim yn cael bwyta losin cyn swper	*They're not allowed to eat sweets before supper*

3.

Ydy'r plant yn cael coginio?	*Are the children allowed to cook?*
Ydyn nhw'n cael mynd mewn i dafarn?	*Are they allowed to go into a pub?*
Dyn ni'n cael bwyta mewn llyfrgell?	*Are we allowed to eat in a library?*
Ydy pawb yn cael benthyg llyfr?	*Is everyone allowed to borrow a book?*

nodiadau

■ The English word 'can' is used to express ability, e.g. 'I can run fast,' and also to ask or give permission, e.g. 'Can I swim here?'

■ In Welsh, *gallu* is only used to express ability, e.g. *Dw i'n gallu rhedeg yn gyflym.* To ask or give permission, we use *cael*, e.g. *Ydw i'n cael nofio fan hyn?*

Gyda'ch plentyn

a. Mae eich plentyn chi eisiau gwneud y pethau yn y lluniau. Dilynwch yr esiampl.   ✔ = Wyt   ✗ = Nac wyt

> Ydw i'n cael mynd i'r theatr?

> Wyt, cariad. Wrth gwrs.

> Nac wyt, cariad. Dim heddiw.

 ✔  ✔  ✗  ✗  ✔  ✗  ✗  ✔

b. *Take turns to ask if you're allowed to do something. Try to think of a valid reason to refuse permission each time. If you can't, you must give permission!*

> Ydw i'n cael chwarae tennis?

> Nac wyt, achos does dim pêl gyda ti.

> Ydw i'n cael canu'r piano?

> Nac wyt, achos mae'r babi'n cysgu.

> Ydw i'n cael bwyta creision?

> Nac wyt, achos dyn nhw ddim yn dda i ti.

> Ydw i'n cael gwneud gwaith cartref?

> O'r gorau, 'te. Wyt.

Mewn awyren

Ymarfer

a. Beth dych chi'n cael wneud ar awyren?
   Beth dych chi ddim yn cael wneud?

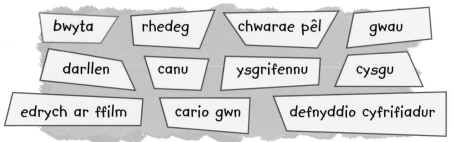

bwyta	rhedeg	chwarae pêl	gwau
darllen	canu	ysgrifennu	cysgu
edrych ar ffilm	cario gwn	defnyddio cyfrifiadur	

> Dych chi'n cael
> darllen mewn llyfrgell.

b. Dych chi'n cael gwneud y pethau hyn…
   …yn yr ysgol?
   …mewn llyfrgell?
   …yn y pwll nofio?

> Dych chi ddim yn cael
> rhedeg yn y pwll nofio.

🎓 Siarad (rhan 3): Cwestiynau am y llun
Speaking (part 3): Questions about the picture

Here is a picture of a person with some information about her. The interviewer will ask you questions, and you should answer using the information given, using full sentences.

Dyma Debbie.

1. Yn wreiddiol:	Llandrindod
2. Teulu:	un chwaer
3. Ddoe:	i'r dre
4. Gwaith:	meddyg

Deialog

Mae'r teulu ar wyliau mewn gwesty. Mae'r tywydd yn braf,
a'r plant eisiau chwarae.

Plant:	**Dad**, dyn ni eisiau **chwarae pêl-droed**!
Rhiant:	Sori! Dych chi ddim yn cael **chwarae pêl-droed** fan hyn.
Plant:	O, na! Ydyn ni'n cael chwarae **tennis bwrdd**, 'te?
Rhiant:	Sori, na 'dych. Edrychwch, mae'n dweud *dim plant* ar y wal.
Plant:	O, na! Beth dyn ni'n cael wneud, 'te?
Rhiant:	Dych chi'n cael **nofio**, os dych chi eisiau.
Plant:	**Nofio**? Iawn 'te. Bant â ni!

 Rap Dyn ni eisiau nofio yn y môr

Dyn ni eisiau **nofio yn y môr**, **yn y môr**,
Dyn ni eisiau **nofio yn y môr**, **yn y môr**.
Ydyn ni'n cael **nofio yn y môr**, **Dad**?
  Na' dych, dych chi ddim yn cael.
O!

Dyn ni eisiau **nofio yn y pwll**, **yn y pwll**,
Dyn ni eisiau **nofio yn y pwll**, **yn y pwll**.
Ydyn ni'n cael **nofio yn y pwll**, **Mam**?
  Ydych, popeth yn iawn.
Gwych!

2. chwarae yn y parc, chwarae yn yr ardd
3. bwyta hufen iâ, bwyta pice bach
4. rhedeg lawr y stryd, rhedeg ar yr iard

Geirfa Uned 54

garddwr	*gardener*
postmon	*postman*
mwy (o)	*more (of)*
bwydo	*to feed*
credu	*to believe*
cychwyn	*to depart*
e-bostio	*to e-mail*
gadael	*to leave*
gwerthu	*to sell*
newid	*to change*
symud	*to move*

Rhaid i chi dacluso nawr

You have to tidy up now

Thema: y cartref
Theme: home

Cynnwys:

- *must / have to*

1.

(Mae) rhaid i fi **d**alu	*I have to (must) pay*
(Mae) rhaid i fi **g**odi	*I have to get up*
(Mae) rhaid i fi **dd**arllen	*I have to read*
(Mae) rhaid i fi **f**wydo'r ci	*I have to feed the dog*

2.

Does dim rhaid i fi _wrando	*I don't have to listen*
Does dim rhaid i fi **f**ynd	*I don't have to go*
Does dim rhaid i ti **b**oeni	*You don't have to worry*
Does dim rhaid i chi _yrru	*You don't have to drive*

3.

Oes rhaid i fi _weithio?	*Do I have to work?*
Oes rhaid i ti **g**ysgu?	*Do you have to sleep?*
Oes rhaid i Lowri **dd**ysgu?	*Does Lowri have to teach?*
Oes rhaid iddi hi _lanhau?	*Does she have to clean?*
Oes rhaid iddo fe helpu?	*Does he have to help?*
Oes / Nac oes	*Yes / No*

i	
i	fi
i	ti
iddo	fe
iddi	hi
i	ni
i	chi
iddyn	nhw

4.

Beth mae rhaid i ni _wneud nawr?	*What do we have to do now?*
Beth mae rhaid i chi _wneud heno?	*What do you have to do tonight?*
Beth mae rhaid i'r plant _wneud?	*What do the children have to do?*
Beth mae rhaid iddyn nhw _wneud fory?	*What do they have to do tomorrow?*

nodiadau　　■ *Rhaid i fi dalu = Mae rhaid i fi dalu*　　When a sentence starts with *Mae rhaid*, the *Mae* is often omitted.

Ymarfer

a. Rhowch 5 ✔ a 5 ✘ wrth y lluniau. Holwch beth mae rhaid i'ch partner chi wneud.

> *Oes rhaid i ti fwydo dy deulu?*

bwydo dy deulu

siarad â'r athro

gadael dy feic tu fas

newid dy ddillad

cychwyn yn gynnar fory

symud tŷ

e-bostio'r neges

gwerthu dy gar

helpu'r garddwr

cadw'n heini

b. Holwch eich partner am fory.
Beth mae rhaid iddo fe / iddi hi wneud?

> *Oes rhaid i ti weithio fory?*

111

Ymarfer

Helpwch Llinos gyda'i phroblemau.

Does dim bwyd yn y tŷ

Mae hi'n bwrw glaw, a'r plant yn ddiflas

Mae pen tost gyda fi

Mae'r plant wedi cael paent ar eu dillad

Rhaid i ti gymryd aspirin

Mae'r plant yn oer heddiw

Dw i ddim yn deall y gwaith cartref

Dw i ddim yn gwybod beth yw to fix yn Gymraeg

Dyw'r car ddim yn gweithio

Dw i wedi colli fy allweddi

Gyda'ch plentyn

Ydy eich plentyn yn gallu helpu Llinos?
Ask your child what Llinos must do.

Mae pen tost gyda Llinos. Beth mae rhaid iddi hi wneud?

Rhaid iddi hi fynd i'r gwely.

Siarad (rhan 4): Cwestiynau i'r Cyfwelydd
Speaking (part 4): Asking the Interviewer Questions

There are a number of words below. Ask the interviewer 5 questions using the words as prompts. The interviewer will give short answers.

1. byw
2. yn wreiddiol
3. teulu
4. i swper neithiwr
5. amser sbâr

Deialog

Mae'n amser brecwast. Mae'r plant yn araf bore 'ma.

Rhiant: Dewch, bois. Rhaid i ni fynd mewn munud.

Plentyn: Ond dw i eisiau **tost a jam**.

Rhiant: Does dim amser, cariad.

Plentyn: Pam mae rhaid i ni fynd?

Rhiant: Dyn ni'n mynd i'r **dre**. Rhaid i ni **brynu dillad**.

Plentyn: O, na! Oes rhaid i ni?

Rhiant: Oes, cariad. Dewch!

Geirfa Uned 55

damwain	*accident*
gair	*word*
lle	*place*
taith	*trip, journey*
crïo	*to cry*
cwyno	*to complain*
chwerthin	*to laugh*
gwario	*to spend*
gweiddi	*to shout*
pasio	*to pass*
sgrechian	*to scream*
tynnu	*to pull, to remove*

Cân **Mam! Oes rhaid i fi godi?**

Tôn: *Pop Goes the Weasel* (traddodiadol)

Mam! Oes rhaid i fi **godi** nawr?
Mam! Oes rhaid i fi **godi**?
Mam! Oes rhaid i fi **godi** nawr?
Oes! Rhaid i ti **godi**.

2. gwisgo   4. brysio
3. bwyta   5. cysgu

Rhaid i ti beidio crïo

You mustn't cry

Themâu: y cartref, y dref
Themes: home, town

Cynnwys:

- *must not (prohibition)*

1.

Rhaid i ti **b**eidio crïo	*You mustn't cry*
Rhaid i ti **b**eidio chwerthin	*You mustn't laugh*
Rhaid i chi **b**eidio gweiddi	*You mustn't shout*
Rhaid i chi **b**eidio gwneud sŵn	*You mustn't make a noise*

2.

Rhaid i fi **b**eidio dweud gair	*I mustn't say a word*
Rhaid i ti **b**eidio poeni	*You mustn't worry*
Rhaid iddo fe **b**eidio cwyno	*He mustn't complain*
Rhaid iddi hi **b**eidio taflu Tedi	*She mustn't throw Teddy*
Rhaid i ni **b**eidio anghofio'r allwedd	*We mustn't forget the key*
Rhaid i chi **b**eidio mynd i unman	*You mustn't go anywhere*
Rhaid iddyn nhw **b**eidio gwario gormod	*They mustn't spend too much*
Rhaid i Llew **b**eidio bod yn hwyr	*Llew mustn't be late*

Ymarfer

Newidiwch y geiriau trwm.

Rhaid i ti beidio colli dy ffôn symudol!

nodiadau

■ In more formal language, *peidio* is followed by *â* + aspirate mutation (or *ag* before a vowel):

Rhaid i chi beidio â chrio   *Rhaid i chi beidio ag yfed pop*

Gyda'ch plentyn

Aeth Mrs Arnold i barti mawr neithiwr, ac mae hi'n teimlo'n ofnadwy heddiw. Mae pen, llygaid, llwnc, dwylo, traed, cefn a bola tost gyda hi, felly mae hi'n mynd at y meddyg.

a. Chi yw'r meddyg.
   Tell Mrs Arnold that she must not do the things pictured. Add a few more for good measure.

b. Chi yw Mrs Arnold.
   Ewch adre a dwedwch wrth eich teulu beth ddwedodd y meddyg.
   Dych chi'n gallu gwneud hyn heb edrych ar y llyfr?

Rhaid i fi beidio siarad ar y ffôn.

 Ymarfer

Dych chi'n gwybod eich **arwyddion traffig**? *(traffic signs)*

Rhaid i chi . . .

Rhaid i chi beidio . . .

Dych chi'n cael . . .

seiclo	mynd yn syth mlaen	
stopio	parcio	
tynnu carafan	troi i'r dde	aros
pasio ar y chwith neu'r dde		mynd
pasio	troi i'r chwith	

O, diar! Beth mae Ffion wedi wneud nawr?

Ffion! Rhaid i ti beidio bod yn hwyr eto!

Mae Ffion wedi colli'r bws •	mynd allan heb got
Mae bola tost gyda hi	chwarae pêl-droed gyda dy fag
Mae ei bag hi wedi torri	• **bod yn hwyr**
Mae annwyd arni hi	cicio dy ffrindiau
Mae'r gath wedi bod yn sâl ar y carped	bwyta gormod o hufen iâ
Mae troed dost gyda Ffion	rhoi iogwrt i'r gath

Ymarfer

Darllenwch beth mae Ffion wedi wneud.
Chi yw rhiant Ffion. Beth dych chi'n ddweud wrth Ffion?

Gyda'ch plentyn

*Let your child play the parent's role, and
help him / her think of suitable responses.*

Darllen (rhan 3): Llenwi bylchau

Reading (part 3): Gap Filling

*Fill the gaps in these sentences, using the
prompts given, where needed.*

1. Mae hi'n hanner _____ wedi deg. (10.30)

2. Mae Siân yn gweithio _____ siop.

3. Ddoe, roedd hi'n _____.

4. Wyt ti'n dysgu Cymraeg? _____ (✔)

5. Dw i'n bwyta brecwast _____ wyth o'r gloch.

6. Dw i'n hoffi edrych ar y _____.

7. (gwneud) _____ chi'r gwaith cartre ddoe?

8. O ble maen nhw'n _____ yn wreiddiol?

9. Wyt ti eisiau _____ o goffi?

10. _____ ofyn cwestiwn, os gwelwch chi'n
    dda? Cewch!

Deialog

Mae'r plant ar drip ysgol i Ffair Porth-cawl

Plentyn:	**Miss Price, Miss Price**! Ydyn ni'n cael mynd ar hwn?
Athro:	Na, bach. Rhaid i chi beidio. **Dych chi'n rhy fyr**.
Plentyn:	O. Gawn ni **hufen iâ**, 'te?
Athro:	Cewch. Ond rhaid i chi beidio bwyta gormod.
Plentyn:	Wrth gwrs. Rhaid i ni beidio bod yn sâl ar yr *Helter Skelter*!
Athro:	Ie, wir. Rhaid i chi fwyta'r hufen iâ wedyn.

 Rap Rhaid i ti beidio mynd ar y beic

Dad, ga' i **fynd ar y beic**, plîs, Dad, ga' i **fynd ar y beic**?
Na chei, na chei, na na na! Na chei, na chei, na na na!
Rhaid i ti beidio **mynd ar y beic**.
Mae'n bwrw'n sobor iawn.

2. mynd i'r parc
3. chwarae yn yr ardd
4. chwarae yn y tŷ

Pennill olaf *(last verse)*:
Cei, cariad, cei cei cei! Cei, cariad, cei cei cei!
Wrth gwrs cei di chwarae yn y tŷ.
Mae'n bwrw'n sobor iawn.

 Geirfa Uned 56

chwith	*left*
de	*right*
canol	*middle, centre*
coleg	*college*
cornel	*corner*
cylchfan	*roundabout*
ffatri	*factory*
goleuadau	*lights*
gorsaf	*station*
heol	*road*
maes **parcio**	*car park*
meddygfa	*clinic*
pont	*bridge*
rhiw	*hill, slope*
stadiwm	*stadium*
swyddfa'r cyngor	*council office*
swyddfa'r heddlu	*police station (office)*

Ewch yn syth 'mlaen

Go straight ahead

Themâu: y dref, teithio
Themes: town, travel

Cynnwys:

- directions
- locations

1.

Ewch...	Go...
yn syth 'mlaen	*straight ahead*
lawr yr heol	*down the road*
drwy'r goleuadau	*through the lights*
dros y bont	*over the bridge*
rownd y cornel	*round the corner*
heibio'r farchnad	*past the market*

2.

Trowch...	Turn...
i'r chwith / i'r dde	*left / right*
wrth y cylchfan	*at the roundabout*
cyn yr orsaf	*before the station*
ar ôl y gwesty	*after the hotel*
rhwng Lidl ac Aldi	*between Lidl and Aldi*

3.

Mae Ysgol Bronllwyn...	Ysgol Bronllwyn is...
ar bwys Tesco	*by Tesco*
o flaen y castell	*in front of the castle*
tu ôl i'r siop	*behind the shop*
yng nghanol y dre	*in the town centre*
gyferbyn â chi	*opposite you*

> Esgusodwch fi!
> Ble mae Ysgol Bronllwyn,
> os gwelwch chi'n dda?

Gyda'ch plentyn

a. Dwylo ar eich pen i ddechrau.

*Look at the map of Pont-y-coed. The first player to put a finger on **garej** gets a point. Lose a point for taking hands off your head if the location is not on the map*

> Ble mae'r siop fara?
>
> Ble mae'r garej?
>
> Does dim un!
>
> Fan hyn!

b. Dilynwch yr esiampl.

> Esgusodwch fi!
> Ble mae'r ysbyty, os
> gwelwch chi'n dda?

> Ewch yn syth 'mlaen.
> Trowch i'r chwith. Mae'r
> ysbyty ar bwys y bont.

c. *Do the same again, with real places in your area.*

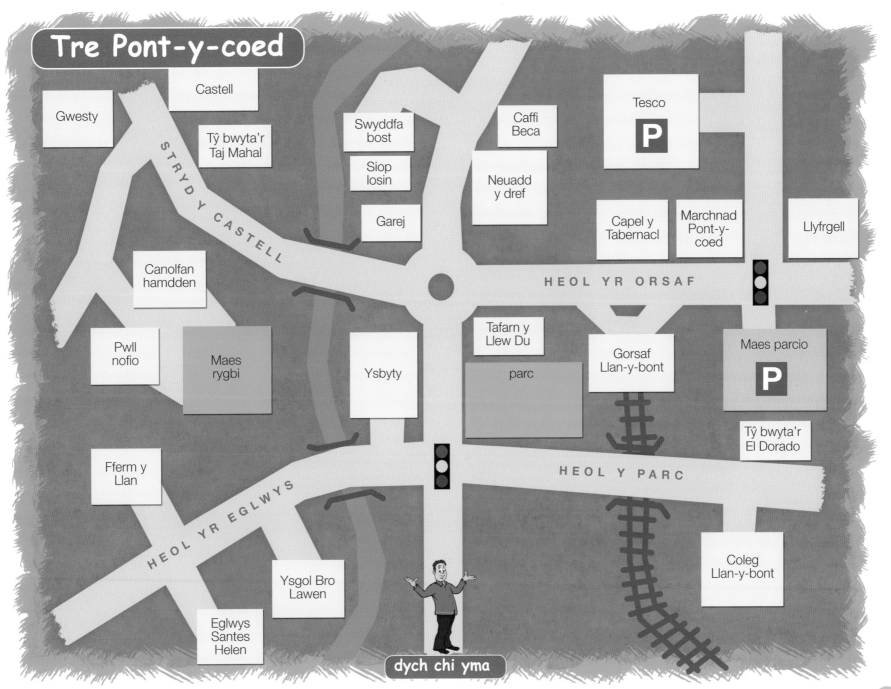

Tre Pont-y-coed

Gwesty

Castell

Tŷ bwyta'r Taj Mahal

STRYD Y CASTELL

Swyddfa bost

Siop losin

Caffi Beca

Neuadd y dref

Tesco

P

Garej

Capel y Tabernacl

Marchnad Pont-y-coed

Llyfrgell

Canolfan hamdden

HEOL YR ORSAF

Pwll nofio

Maes rygbi

Ysbyty

Tafarn y Llew Du

parc

Gorsaf Llan-y-bont

Maes parcio

P

Fferm y Llan

HEOL YR EGLWYS

Tŷ bwyta'r El Dorado

HEOL Y PARC

Ysgol Bro Lawen

Coleg Llan-y-bont

Eglwys Santes Helen

dych chi yma

Darllen (rhan 2): Deialog

Reading (part 2): Dialogue

Read the dialogue, then complete the grid based on the information given.

Mae Gerwyn a Rhian yn siarad am eu plant.

Gerwyn:	Helo, Rhian. Dych chi'n mynd i'r Eisteddfod dydd Gwener?
Rhian:	Ydyn. Fydda i ddim yn gweithio nos Wener. Dyw'r plant ddim yn canu yn y côr eleni, ond maen nhw'n dawnsio gyda'r parti. Dych chi'n mynd?
Gerwyn:	Nac ydyn. Mae'r plant yn mynd i Borth-cawl gyda Mam-gu a Dad-cu eto eleni. Maen nhw eisiau mynd i'r ffair. Mae'n hyfryd yno pan mae'r tywydd yn braf.
Rhian:	Beth yw pris tocyn i'r ffair?
Gerwyn:	Mae'n costio £24 i deulu. Dych chi'n talu i fynd i'r Eisteddfod?
Rhian:	Wel, mae tocyn i oedolyn yn £3. Dyw'r plant ddim yn talu.
Gerwyn:	Dw i'n gweld. Beth arall dych chi'n mynd i wneud dros y penwythnos?
Rhian:	Dyn ni'n mynd i wylio ffilm dydd Sadwrn gyda ffrindiau'r plant. Beth amdanoch chi?
Gerwyn:	Dw i a fy chwaer yn mynd i barti yn nhŷ'r cymdogion. Pob hwyl yn yr Eisteddfod, 'te!
Rhian:	Diolch. Mwynhewch y parti!

Enw	Ble maen nhw'n mynd?	Beth maen nhw'n wneud?	Beth yw pris tocyn
Gerwyn			
Rhian			

Enw	Beth arall maen nhw'n mynd i wneud?	Gyda phwy?
Gerwyn		
Rhian		

Deialog

Mae'r teulu'n mynd i'r theatr. Mae Mam yn holi'r plant.

Rhiant:	Dych chi'n edrych mlaen at fynd i'r **theatr**, blant?
Plant:	Ydyn! Dyn ni ddim yn gallu aros!
Rhiant:	Dych chi'n gwybod y ffordd?
Plant:	Ydyn. **Lan y rhiw**, a wedyn **troi i'r chwith**.
Rhiant:	Ac ar ôl hynny?
Plant:	**Heibio'r castell**, a **mewn i'r maes parcio**.
Rhiant:	Dych chi'n cofio'n dda! Chwarae teg.

♫ Cân Ble mae Daniel? (traddodiadol)
Cylchgan *(Round Song)*

Ble mae Daniel? Ble mae Daniel?
Yn ffau'r llewod, yn ffau'r llewod.
Am beth? Am beth?
Am iddo beidio addoli'r ddelw.

2.   Beth sy i ginio? Beth sy i ginio?
     Cig a thatws, cig a thatws.
     Beth sy i bwdin? Beth sy i bwdin?
     Pastai fale gyda chwstard.

Geirfa Uned 57

croesair	*crossword*
cyfarfod	*meeting*
cyngerdd	*concert*
drama	*drama, play*
iaith	*language*
noson lawen	*evening of entertainment*
twrci	*turkey*
tynnu llun	*to draw, to take a picture*
teipio	*to type*
rhy (+ TM)	*too ...*
wedi ymddeol	*retired*

Ydy Miriam yn gallu cerdded eto?

Can Miriam walk yet?

Themâu: y cartref, hamdden
Themes: home, leisure

Cynnwys:

■ *what children can do at different ages*

1.

Mae Miriam yn gallu cerdded	*Miriam can walk*
Mae hi'n gallu siarad	*She can talk*
Dyw hi ddim yn gallu cyfri i ddeg eto	*She can't count to ten yet*
Mae Meilir yn gallu rhedeg	*Meilir can run*
Mae e'n gallu canu ychydig	*He can sing a little*
Dyw e ddim yn gallu nofio eto	*He can't swim yet*

Miriam 1 oed

---

siarad   cerdded   rhedeg

mynd ar y beic   gwisgo   sgipio

defnyddio'r tŷ bach   tynnu llun   canu

Ymarfer

Beth mae Miriam, Jac, Ela ac Iwan yn gallu wneud?

Jac 2 oed

Ela 3 oed

Iwan 5 oed

2.

Beth mae Jac yn gallu wneud?	*What can Jac do?*
Beth mae Zoë'n gallu wneud?	*What can Zoë do?*
Beth mae'r plant yn gallu wneud?	*What can the children do?*
Beth mae pawb yn gallu wneud?	*What can everybody do?*

3.

Ydy Ela'n gallu gwisgo eto?	*Can Ela get dressed yet?*
Ydy hi'n gallu brwsio ei gwallt?	*Can she brush her hair?*
Ydy Iwan yn gallu 'molchi eto?	*Can Iwan wash himself yet?*
Ydy e'n gallu glanhau ei ddannedd?	*Can he clean his teeth?*
Pwy sy'n gallu chwarae pêl?	*Who can play ball?*

A Eich plant chi

> Mae Lucy yn 2 oed, ac mae hi'n gallu rhedeg yn gyflym. Dyw hi ddim yn gallu mynd ar y beic eto.

> Mae'r merched yn gallu cicio pêl erbyn hyn. Maen nhw bron yn gallu sgipio.

> Dyw Caradog ddim yn gallu chwarae pêl-fasged eto. Mae e'n rhy fyr!

> Mae fy wyrion i bron yn 3 oed erbyn hyn. Maen nhw'n rhy brysur! Dw i ddim yn gallu cysgu.

Ymarfer

Beth mae eich plentyn / plant chi'n gallu wneud?

Beth mae'r bobl yn eich dosbarth chi'n gallu wneud?

gyrru bws mini	dawnsio'r Charleston
coginio twrci	nofio
teipio'n gyflym	canu offeryn (instrument)
siarad iaith arall	gwneud origami
rhedeg yn gyflym	chwarae sgrabl
gwneud croesair	canu Hen Wlad fy Nhadau

a. Holwch bum person a llenwch y grid. Ysgrifennwch ddau beth ar gyfer pob person (two things for each person).

Lavinia	nofio	siarad Saesneg

b. Dwedwch wrth eich partner beth mae pawb yn gallu wneud.

Darllen (rhan 1): Hysbysebion

Reading (part 1): Advertisements

Read these advertisements. Then, answer the questions which follow on the basis of the information in the advertisements. You do not need to use sentences.

Gwyliau yn Beijing

Mae Mimi Roberts yn trefnu taith i Beijing 3-14 Mawrth

Cost: £1,600, yn cynnwys hedfan o Ben-y-bont, gwesty, a brecwast

Ffoniwch Mimi cyn 15 Hydref 07840 760497

Lle i 10 o bobl ar ôl!

Eisteddfod Bro Eifion

Nos Wener, 5 Mai

Capel Ebeneser, plant am 5 o'r gloch ac oedolion ar ôl 7 o'r gloch

Tocynnau: £5 wrth y drws

Croeso i bawb!

Cwrs Dysgu Coginio Bwyd Sbaen

Cwrs wyth wythnos

Dewch i ddysgu sut i wneud paella gyda'r cogydd Pedro Williams

Cost: £80 am y cwrs cyfan yn Aberafan o 1 Mehefin

Ffoniwch Westy'r Prince, Aberafan 01792 564300

Cwestiynau

1. Pwy fydd yn perfformio yn yr Eisteddfod ar ôl 7 o'r gloch? _____

2. Beth yw pris mynd i'r Eisteddfod? _____

3. Ble dych chi'n cael tocyn i fynd i'r Eisteddfod? _____

4. O ble mae'r daith i Beijing yn dechrau? _____

5. Ar y daith i Beijing, oes swper yn y pris? _____

6. Sut dych chi'n bwcio lle ar y daith i Beijing? _____

7. Am faint o amser mae'r cwrs coginio yn para? *(lasts)* _____

8. Beth fyddwch chi'n ddysgu ar y cwrs coginio? _____

9. Pwy fydd y tiwtor ar y cwrs? _____

10. Pryd mae'r cwrs yn dechrau? _____

Deialog

Mae Cerys yn siarad ar y ffôn gyda Mam-gu.

Mam-gu: Wyt ti'n gallu **canu *chopsticks* ar y piano**, cariad?

Plentyn: Ydw, Mam-gu. Dw i'n gallu gwneud hynny ers **blynyddoedd**!

Mam-gu: Beth arall wyt ti'n gallu wneud?

Plentyn: Dw i'n gallu **gwneud *Rubik's Cube***.

Mam-gu: Dyna dda wyt ti! Dw i ddim yn gallu gwneud hynny.

Plentyn: Wel, dych chi wedi ymddeol nawr. Beth am ddysgu?

Cân Ydy Gareth yn gallu canu cân?

Tôn: *She'll Be Coming Round The Mountain*
(traddodiadol)

Ydy Gareth yn gallu canu cân?
Ydy Gareth yn gallu canu cân?
O! Ydy e'n gallu? Ydy e'n gallu?
Ydy, mae e'n gallu canu cân.

2. Rhian   cicio pêl
3. Tomos   rhedeg ras
4. Meinir   lliwio llun

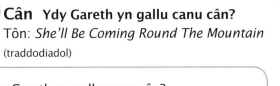

Geirfa Uned 58

canolfan **arddio**	*gardening centre*
diddordeb	*interest*
lle(oedd)	*place(s)*
rhywle	*somewhere*
siopwr	*shopper, shopkeeper*
stŵr	*row, telling off*
ystafell **fwyta**	*dining room*
Cymro	*Welshman*
Cymraes	*Welshwoman*
Sais	*Englishman*
Saesnes	*Englishwoman*
Saesneg	*English (language)*
agos, agosa(f)	*near, nearest*
di-waith	*unemployed*
cuddio	*to hide, to cover*
disgwyl	*to expect*

uned 52

1. Faint yw pris **siwmper**?
2. Mae e'n **ddwy bunt**
3. Ble wyt ti'n gallu prynu **petrol**? Rwyt ti'n gallu prynu **petrol** yn y **garej**
4. Beth wyt ti'n gallu brynu am **bunt**? Rwyt ti'n gallu prynu **losin** am **bunt**

uned 53

1. Dych chi ddim yn cael **nofio** fan hyn
2. Mae **Heledd** yn cael **gwrando ar y radio**
3. Ydy**'r plant** yn cael **coginio**?
4. **Wyt ti**'n mynd i **Lwynypïa**?

uned 54

1. Rhaid i **fi dalu**
2. Does dim rhaid i **fi wrando**
3. Oes rhaid i **fi weithio**? Oes / Nac oes
4. Beth mae rhaid i **ni** wneud nawr?

uned 55

1. Rhaid i **ti** beidio **crïo**
2. Rhaid i **fi** beidio **rhedeg**

uned 56

1. Ewch **yn syth 'mlaen**
2. Trowch i**'r chwith**
4. Mae **Ysgol Bronllwyn ar bwys Tesco**

uned 57

1. Mae **Miriam** yn gallu **cerdded**
2. Beth mae **Jac** yn gallu wneud?
3. Ydy **Ela**'n gallu **gwisgo** eto?

Gweithgareddau Adolygu

uned 52

Partner A: cuddiwch Grid B.

Holwch y prisiau, ac ysgrifennwch nhw yn y bylchau.

Grid A

eitem	pris	eitem	pris
bisgedi siocled	£1.50	bwrdd coffi	
cardigan		carafan	£16,000
cerdyn post	65c	gwyliau yn Sbaen	
pecyn o greision		peiriant golchi llestri	£226.00
dillad babi	£15.99	DVD	

Partner B: cuddiwch Grid A.

Holwch y prisiau, ac ysgrifennwch nhw yn y bylchau.

Grid B

eitem	pris	eitem	pris
bisgedi siocled		bwrdd coffi	£135.50
cardigan	£23.00	carafan	
cerdyn post		gwyliau yn Sbaen	£590.00
pecyn o greision	90c	peiriant golchi llestri	
dillad babi		DVD	£17.85

uned 53

Sut riant dych chi?

Dych chi'n llym iawn gyda'ch plant? Beth maen nhw'n cael wneud, a beth dyn nhw ddim yn cael wneud?

Maen nhw'n cael edrych ar y teledu am 5 o'r gloch ond ddim ar ôl 7 o'r gloch!

edrych ar y teledu (faint / beth?)	
chwarae gemau cyfrifiadur	
pori'r we	
seiclo	
gwario arian poced (ar beth?)	
gwisgo (clustdlysau)	
mynd i'r gwely am … o'r gloch	
bwyta ac yfed	
mynd allan	
ffonio ffrindiau	

uned 54

a. Gwnewch frawddegau fel yr esiampl.

✗   Nia   prynu menyn

> *Does dim rhaid i Nia brynu menyn*

✔	Rachel	talu'r dyn llaeth
✗	Mr Morris	cofio ei rif ffôn
?	fe	dysgu'r eirfa
✔	nhw	bod yn blant da
✗	Emyr	lliwio'r anifeiliaid
?	Lona	mynd i'r clwb
✔	hi	rhoi arian i'r plant
✗	fi	coginio brecwast
?	chi	anfon neges

b. Atebwch y cwestiynau
(*think of suitable answers*)

Ble mae rhaid i'r plant fynd?
Pryd mae rhaid iddyn nhw fynd?
Sut mae rhaid iddyn nhw fynd?
Pam mae rhaid iddyn nhw fynd?
Gyda phwy mae rhaid iddyn nhw fynd?
Faint o'r gloch mae rhaid iddyn nhw fynd?

uned 55

Rhowch stŵr i'r plant drwg...
Dilynwch yr esiampl.

Rhaid i ti beidio canu!

uned 56

> Ble mae'r amgueddfa, os gwelwch chi'n dda?

> Ble mae'r bwyty, os gwelwch chi'n dda?

a. Gyda phlentyn

Newidiwch y geiriau trwm.

Can you think of a place for each letter of the (Welsh) alphabet?

b. Sut mae cyrraedd y lleoedd yn y lluniau? Holwch eich partner.

> Wyt ti'n gwybod ble mae'r **garej** agosa?

uned 57

a. Faint yw oedran eich plant chi?
Beth o'n nhw'n gallu wneud yn…

    1 oed?   3 oed?   5 oed?   7 oed?

b. Dwedwch 3 pheth mae oedolyn yn gallu wneud ond dyw plentyn ddim yn gallu wneud.

c. Dwedwch 3 pheth mae plentyn yn gallu wneud ond dyw oedolyn ddim yn gallu wneud.

ch. Pwy sy'n gallu gwneud beth? Cysylltwch *(connect)* y bobl â'r lluniau.

> **Dyw Nora ddim** yn gallu **coginio**.

Rhaid

	i	person	berf *verb* +Treiglad Meddal	
(Mae) rhaid	i	fi	**f**ynd	
Does dim rhaid	i	ti	**g**anu	
Oes rhaid (+?)	iddo fe			
	iddi hi			
	i	ni		
	i	chi		
	iddyn	nhw		
(Mae) rhaid	i	Lisa	**b**eidio	mynd
	i'r	plant		canu

*O na !
Rhaid i ni fynd i'r
ysgol heddiw.*

Geirfa Uned 59

dis	*dice*
hanes	*history, story*
ysgol gynradd	*primary school*
ysgol uwchradd	*secondary school*
cyfforddus	*comfortable*
llwyd	*grey*
pinc	*pink*
porffor	*purple*
nôl	*to fetch (also 'back')*
ar dân	*on fire*
Nefoedd!	*Heavens!*

*Does dim
rhaid i ni wneud dim
byd heddiw!*

dechrau →

Ble dych chi'n gallu prynu beic plentyn?

Beth dych chi'n gallu brynu am £4?

Faint yw pris litr o betrol neu *diesel*?

Dych chi'n cael bwyta ac yfed yma?

Beth mae'ch plant chi'n cael wneud? Beth dyn nhw ddim? (2 beth)

Beth dych chi ddim yn cael wneud mewn ysbyty?

Beth dych chi'n gallu wneud yn dda, a beth dych chi ddim? (2 beth)

Beth mae rhaid i chi wneud dros y penwythnos?

Dwedwch 3 pheth mae eich plentyn chi'n gallu wneud.

Trac adolygu

Oes rhaid i chi yrru adre heddiw?

Beth mae plentyn 1 oed yn gallu wneud?

Beth mae rhaid i'ch plant chi wneud fory?

Sut mae cyrraedd ysgol eich plentyn chi?

Sut mae cyrraedd eich tŷ chi?

Sut mae cyrraedd y garej agosa?

Mae Ffion wedi colli'r bws. Beth dych chi'n ddweud wrth Ffion?

Beth yw ystyr (meaning) yr arwydd?

Beth mae rhaid i chi beidio wneud pan dych chi'n disgwyl babi?

Dyn ni'n mynd i'r dre heddiw

We're going to town today

Themâu: y dref, siopa
Themes: town, shopping

Cynnwys:

- *expressing purpose*
- *order of events*
- *describing in the past*

1.

Dyn ni'n mynd i'r banc i **g**odi arian	*We're going to the bank to get money*
Dyn ni'n mynd i'r **f**eddygfa i **g**ael tabledi	*We're going to the clinic to get tablets*
Dyn ni'n mynd i'r stadiwm i _weld y gêm	*We're going to the stadium to see the game*
Dyn ni'n mynd i'r siop **b**apurau i **b**rynu cylchgrawn	*We're going to the newsagent to buy a magazine*

2.

Ble dych chi'n mynd nawr?	*Where are you going now?*
Ble dych chi'n mynd nesa?	*Where are you going next?*
Ble dych chi'n mynd wedyn?	*Where are you going then?*
Ble dych chi'n mynd ar ôl cinio?	*Where are you going after lunch?*

4.

Faint oedd y _wisg nofio?	*How much was the swimsuit?*
Faint oedd y tocyn trên?	*How much was the train ticket?*
Faint oedd y teganau?	*How much were the toys?*
Faint oedd y **g**acen **b**en-blwydd?	*How much was the birthday cake?*

3.

Roedd y _wisg nofio'n **dd**rud	*The swimsuit was expensive*
Roedd y tocyn trên yn **dd**rud ofnadwy	*The train ticket was terribly expensive*
Roedd y teganau'n eitha rhad	*The toys were quite cheap*
Doedd y siocledi ddim yn **dd**rud	*The chocolates weren't expensive*
Doedd y llysiau ddim yn **dd**rud o gwbl	*The vegetables weren't expensive at all*
Doedd y **g**acen **b**en-blwydd ddim yn rhad iawn	*The birthday cake wasn't very cheap*

 Gêm fwrdd: mynd i'r dre!

Gêm i 2-4 o bobl.
Mae angen cownter i bob person, a dis.
Travel clockwise around the board, completing all your tasks in the order listed. Chwaraewr 1 must visit all places coloured pink and so forth
Rhaid i chi daflu'r rhif iawn, a defnyddio patrymau 1 a 2 bob tro.
The first person to complete all tasks is the winner.

dechrau →

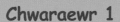

Chwaraewr 1

llyfrgell	benthyca llyfr
siop losin	prynu *Victory V* i Dad-cu
gwesty	cwrdd â Mrs Tucker-Bowles
swyddfa'r post	postio dau lythyr
caffi	cael paned
coleg	codi prosbectws
capel	gwrando ar y côr
archfarchnad	prynu teganau

GORFFEN

Chwaraewr 2

parc	bwydo'r adar
marchnad	prynu pysgod
garej	rhoi petrol yn y car
pwll nofio	cael gwers nofio
meddygfa	codi tabledi
castell	gwrando ar hanes y dref
theatr	gwylio drama
gorsaf	prynu tocyn trên

GORFFEN

Chwaraewr 3

meithrinfa	codi'r plant
maes chwarae	chwarae ar y siglen
eglwys	siarad â'r ficer
siop ffrwythau	prynu llysiau
amgueddfa	gweld y deinosoriaid
sinema	gwylio ffilm dda
canolfan arddio	nôl bwyd i'r gwningen
siop ddillad	prynu gwisg nofio

GORFFEN

Chwaraewr 4

maes parcio	gadael y car
siop lyfrau	chwilio am anrheg i'r plant
canolfan hamdden	ymlacio yn y *jacuzzi*
banc	codi arian
siop flodau	prynu lilis gwyn i Mam-gu
maes rygbi	gwylio'r plant yn chwarae
ysbyty	nôl Mam-gu
siop fara	prynu cacen ben-blwydd

GORFFEN

Ymarfer

Dych chi nôl yn y tŷ erbyn hyn.
Siaradwch am gost y pethau dych chi wedi prynu.

> **Faint oedd y tocyn trên?**

> **Roedd y tocyn trên yn ddrud ofnadwy. Roedd e'n £150.**

> **Roedd y prosbectws am ddim**

> **Wel, dyna lwcus**

 ### Gwrando (rhan 1): Deialog
Listening (part 1): Dialogue

You will hear a dialogue on the CD. You must choose the symbol / picture which corresponds to the information in the dialogue, to answer the questions. Put the letter of the correct answer in the box.

1. Faint yw oedran y babi?

a	b	c	ch
2 fis	3 mis	4 mis	5 mis

2. Faint o blant sy gyda chwaer Tom yn barod? *(already)*

3. Beth enillodd Elen yn y raffl?

4. Beth mae'r plant eraill yn wneud yn y parc?

5. Ble aeth Tom a'r teulu ddydd Sadwrn?

6. At beth mae'r arian o'r raffl yn mynd?

7. Beth dyw'r plant eraill ddim yn hoffi wneud?

8. Beth fydd Tom yn wneud ar ôl mynd adre?

Deialog

Mae Lowri a Mam yn cyrraedd adre ar ôl siopa yn y dre.

Dad-cu:	Brynoch chi rywbeth, 'te?
Lowri:	Do, wir! Edrychwch ar fy **sgert** newydd i.
Dad-cu:	Nefoedd. **Sgert** yw **honna**?
Lowri:	Ie, wrth gwrs. Dim ond **£8** oedd **hi**, o **Monsoon**.
Dad-cu:	Brynoch chi rywbeth arall?
Lowri:	Do. Prynon ni **Practical Fishkeeping** i chi, **Dad-cu**. Dyma chi.
Dad-cu:	Wel, diolch yn fawr, wir.

 Cân Dyma fi'n mynd i siopa yn y dre
Tôn: *Early in the Morning* (traddodiadol)

Dyma fi'n mynd i siopa'n y dre,
I siopa'n y dre, i siopa'n y dre,
Dyma fi'n mynd i siopa'n y dre,
Yn gynnar yn y bore.

2. Beth wyt ti'n mynd i brynu'n y dre
3. Dw i'n mynd i brynu cacen ben-blwydd
4. Dw i'n mynd i brynu tocyn trên
5. Dw i'n mynd i brynu lilis gwyn

Geirfa Uned 60

blanced	*blanket*
crwban	*tortoise*
cynffon	*tail*
llinell	*line*
mwgwd	*mask, blindfold*
nai	*nephew*
nith	*niece*
sgwarnog	*hare*
tudalen(nau)	*page(s)*
tywysog	*prince*
wyr	*grandson*
wyres	*granddaughter*
cyntaf	*first*
posibl	*possible*
cyffwrdd â	*to touch*
plygu	*to fold, to bend*
sefyll	*to stand*
tecstio	*to text*
mae hi'n amlwg	*it's obvious*

Banc geirfa y dref

Town bank

Cymraeg	Saesneg	Cymraeg	Saesneg	Cymraeg	Saesneg
adeiladau	*buildings*	gorsaf fysiau	*bus station*	siop anifeiliaid anwes	*pet shop*
amgueddfa	*museum*	gwesty	*hotel*	siop bapurau	*newsagent*
archfarchnad	*supermarket*	gwybodaeth	*tourists'*	siop deganau	*toy shop*
arhosfan bysiau	*bus stop*	twristiaid	*information*	siop ddillad	*clothes shop*
banc	*bank*	hostel myfyrwyr	*students' hostel*	siop elusen	*charity shop*
bloc fflatiau	*block of flats*	llyfrgell	*library*	siop esgidiau	*shoe shop*
caffi	*café*	maes awyr	*airport*	siop fara	*baker's*
campfa	*gymnasium*	maes chwarae	*playground*	siop flodau	*florist's*
canolfan arddio	*gardening centre*	maes chwaraeon	*playing field*	siop fwyd	*grocer's*
canolfan DIY	*DIY centre*	maes parcio	*car park*	siop ffrwythau	*greengrocer's*
canolfan gymunedol	*community centre*	man gwerthu petrol	*petrol filling*	siop hufen iâ	*ice cream shop*
canolfan hamdden	*leisure centre*		*station*	siop losin	*confectioner's*
canolfan siopa	*shopping centre*	marchnad	*market*	siop y cigydd	*butcher's*
capel	*chapel*	meddygfa	*clinic*	siop y fferyllydd	*chemist*
castell	*castle*	meithrinfa	*nursery*	stadiwm	*stadium*
clwb nos	*nightclub*	mosg	*mosque*	stryd fawr	*high street*
coleg	*college*	neuadd bingo	*bingo hall*	swyddfa'r heddlu	*police station*
croesffordd	*crossroads*	neuadd	*concert hall*	(gorsaf yr heddlu)	
cylchfan	*roundabout*	gyngherddau		swyddfeydd	*offices*
deintyddfa	*dental clinic*	neuadd y dref /	*town / city hall*	tafarn	*public house*
eglwys	*church*	ddinas		theatr	*theatre*
garej	*garage*	oriel gelf	*art gallery*	tŷ bwyta (bwyty)	*restaurant*
goleuadau traffig	*traffic lights*	parc	*park*	ysbyty	*hospital*
gorsaf drenau	*train station*	pont, -ydd	*bridge(s)*	ysgol gynradd	*primary school*
		prifysgol	*university*	ysgol uwchradd	*secondary school*
		pwll nofio	*swimming pool*		
		sínema	*cinema*		
		siop adrannau	*department store*		

Anagramau

Beth yw'r rhain?

gedmadyf _____   shelto rrwmfyyy _____ _____   fragos aunder _____ _____

fapmac _____   lonfanca spaio _____ _____   screfdrodof _____

yselgw _____   ysetgw _____   ryflllleg _____

maneis _____   eddddwyfys _____   ipso udafol _____ _____

tysdr warf _____ _____   fartna _____   matdwis _____

drachman _____   danedu y sindad _____ ___ _____   gropisfyl _____

Darllen: Siopa yn y dref

Mae Dad a'r plant yn mynd ar y bws i'r dref heddiw. Dyw Mam ddim yn gallu dod, achos mae hi'n gweithio. Maen nhw'n mynd i siopa, ac os bydd amser, maen nhw'n gobeithio gweld ffilm newydd yn y sinema. Mae Mam wedi gwneud cinio pecyn iddyn nhw, achos mae cinio yn y dref yn ddrud.

"Dewch, blant! Mae'r bws yn dod am bum munud wedi. Rhaid i ni beidio bod yn hwyr."

Yn ffodus, maen nhw'n cyrraedd mewn pryd, ac maen nhw'n mynd i eistedd yng nghefn y bws. Mae llawer o bobl ar y bws bore 'ma.

"Dad! Mae eisiau bwyd arna i. Ga' i fwyta un o'r brechdanau nawr, plîs?"
"Dim nawr, cariad bach. Dyn ni ddim yn cael bwyta ar y bws. Rhaid iti aros tan nes mlaen. Dyma losinen i ti."

Ar ôl cyrraedd y dref, maen nhw'n edrych ar restr siopa Mam.

"O'r gorau, 'te. Ble mae rhaid i ni fynd, a beth mae rhaid i ni brynu?"

Gyntaf, maen nhw'n mynd i WHSmith i gael anrheg ben-blwydd i Anti Lena.

"Edrych, Dad! Gawn ni gomics, plîs?"
"Faint maen nhw'n gostio?"
"Dim ond punt yr un. Plîs, Dad?"
"Wel, iawn 'te, ond dewiswch yn gyflym. Does dim llawer o amser gyda ni cyn y ffilm."

Dyw Dad ddim yn gallu ffeindio'r llyfr mae Anti Lena eisiau. Mae e'n ffonio Mam i ddweud wrthi.

"Rhaid i chi fynd i Waterstones, 'te. Mae hi'n siop ardderchog. Peidiwch anghofio, achos mae Anti Lena'n dod am ginio fory," mae Mam yn dweud.

Ar ôl prynu popeth, maen nhw'n mynd i'r sinema. Fel bob amser, mae'r plant eisiau popcorn, losin, pop ac ati. Maen nhw'n ddrud ofnadwy – £4.50 am bopcorn!

Dyn nhw ddim yn cael bwyta bwyd eu hunain yn y sinema, ond mae hi'n dywyll, a does neb yn gweld. Maen nhw'n bwyta cinio pecyn Mam wrth wylio'r ffilm. Dyna deulu drwg!

Anagramau: atebion

prifysgol
stadiwm
siop flodau
llyfrgell
croesffordd
gorsaf drenau
ddinas
neuadd y
tafarn
swyddfeydd
gwesty
canolfan siopa
myfyrwyr
hostel
marchnad
stryd fawr
sinema
eglwys
campfa
meddygfa

137

Diwedd Mynediad

End of Entry

Themâu: amrywiol
Themes: various

Cynnwys:

- *conversation and revision*
- *end of term games*

Bwyd a diod

Beth wyt ti'n hoffi fwyta ac yfed?
Beth dwyt ti ddim yn hoffi?
Beth mae dy blant di'n hoffi,
    a beth dyn nhw ddim yn hoffi?
Beth wyt ti'n gallu goginio'n dda?
Wyt ti a'r teulu'n hoffi bwyta allan?
Ble dych chi'n mynd?

Beth gest ti i frecwast bore 'ma?
Beth wyt ti eisiau i swper nos yfory?

Wyt ti'n hoffi siopa am fwyd?
Pwy sy'n gwneud y siopa bwyd yn dy deulu di?
Ble dych chi'n prynu bwyd?

O ble mae'r pethau yn y lluniau'n dod?
Gofynnwch am yr eitemau. *(May I have...?)*

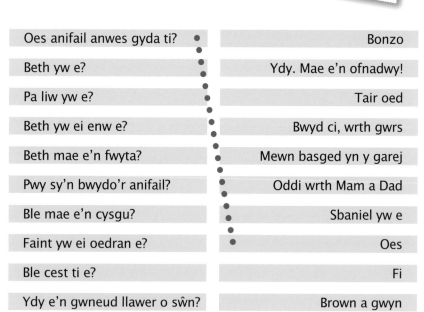

Anifeiliaid

Parwch y cwestiynau â'r atebion.

Oes anifail anwes gyda ti?	Bonzo
Beth yw e?	Ydy. Mae e'n ofnadwy!
Pa liw yw e?	Tair oed
Beth yw ei enw e?	Bwyd ci, wrth gwrs
Beth mae e'n fwyta?	Mewn basged yn y garej
Pwy sy'n bwydo'r anifail?	Oddi wrth Mam a Dad
Ble mae e'n cysgu?	Sbaniel yw e
Faint yw ei oedran e?	Oes
Ble cest ti e?	Fi
Ydy e'n gwneud llawer o sŵn?	Brown a gwyn

Ewch drwy'r cwestiynau eto.
Os oes anifeiliaid gyda chi, siaradwch amdanyn nhw.

Dillad

Tristan dw i. Dw i'n gwisgo jîns glas, crys du a siaced las o ASDA. Dw i'n hoffi dillad du a glas, a dw i'n siopa yn ASDA, Tesco, y farchnad a John Lewis. Dw i'n hoffi dillad James Bond a'r Tywysog William. Mae'r plant yn hoffi dillad chwaraeon.

Pa liw dillad wyt ti'n hoffi?
Ble wyt ti'n prynu dillad?
Dillad pwy wyt ti'n hoffi?
Pa ddillad mae dy blant
   yn hoffi gwisgo?

Y teulu

Faint o bobl sy yn dy deulu di?
Oes brawd a chwaer gyda ti? A phlant?
Beth am fodryb ac ewythr, wyres ac ŵyr, nith a nai?
Sawl un sy gyda ti?
Beth yw eu henwau nhw?
Faint yw eu hoedran nhw?
O ble maen nhw'n dod yn wreiddiol?
Ble maen nhw'n byw nawr?
Ble maen nhw'n gweithio?

Siaradwch am dri pherson.

Beth wyt ti wedi wneud heddiw a ddoe?

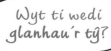
Wyt ti wedi glanhau'r tŷ?

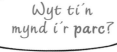

Wyt ti'n mynd i wneud y pethau hyn fory?

Dros y penwythnos...

Wyt ti'n mynd i'r parc?

Beth am y plant? I ble maen nhw'n mynd, a beth maen nhw'n mynd i wneud?

Deialog

Mae Mam yn cwrdd â rhiant arall o'r ysgol.

Rhiant A: Dw i wedi gorffen fy nghwrs Mynediad Cymraeg!

Rhiant B: Wel, **llongyfarchiadau**! Sut aeth y cwrs?

Rhiant A: Dw i wedi **mwynhau**. Roedd hi'n **anodd** weithiau!

Rhiant B: Mae'n siŵr. Beth o'ch chi'n wneud ar y cwrs?

Rhiant A: **Siarad**, **darllen**, a **chwarae gemau**.

Rhiant B: Dych chi wedi **cael hwyl**, mae hi'n amlwg!

🎵 Cân Hen Wlad fy Nhadau
(James James ac Evan James)

Mae hen wlad fy nhadau yn annwyl i mi,
Gwlad beirdd a chantorion, enwogion o fri;
Ei gwrol ryfelwyr, gwladgarwyr tra mad,
Dros ryddid collasant eu gwaed.

Cytgan
Gwlad, gwlad, pleidiol wyf i'm gwlad.
Tra môr yn fur i'r bur hoff bau,
O bydded i'r heniaith barhau.

Gemau diwedd y flwyddyn

1. Gêm Kim

Rhowch 8-12 eitem ar fwrdd.
Ar ôl un funud, cuddiwch y bwrdd gyda blanced. Rhaid i bawb gofio pa eitemau sy ar y bwrdd (yn Gymraeg, wrth gwrs!).

2. Cynffon ar yr asyn

Mae dau dîm yn chwarae. Rhaid i un person o Dîm A wisgo mwgwd a rhoi'r gynffon ar yr asyn. Mae'r bobl yn Tim A yn helpu, ac yn dweud:
'Mlaen! Nôl! Lan! Lawr! I'r chwith! I'r dde! Ac eto! Gormod! Stopia! Dyna ti!
Mae Tîm B yn cyfri i 30. Rhaid rhoi'r gynffon ar yr asyn cyn cyrraedd 30.

3. Sibrydion *(Chinese Whispers)*

Mae pawb yn eistedd mewn cylch neu linell *(line)*. Mae'r tiwtor yn dweud brawddeg wrth y person ar ben y llinell, a'r person yn dweud y frawddeg wrth y person nesaf. Mae'n bosibl bydd y frawddeg yn newid ychydig o berson i berson!

4. Gwisgo lan

Mae angen tudalennau papur newydd neu bapur lliw, a thâp selo.
Chwaraewch mewn grwpiau o 3. Mae un person yn dweud *Ga' i sgert, os gwelwch chi'n dda?* a'r ddau berson arall yn gwneud sgert o bapur i'r person cyntaf. Mae'n bosibl cael thema: dillad clown, dillad *ballerina*...

5. Gêm Rebeca *(Consequences)*

Mae angen 6+ o bobl i chwarae, ac un darn o bapur A4 i bob person. Rhowch eich enw ar y papur. Plygwch y papur drosodd *(fold over so that what you have written cannot be seen by the next person)*. Pasiwch y papur i'r person nesaf. Ysgrifennwch enw person enwog, plygu'r papur lawr, a phasio'r papur i'r person nesaf. Gwnewch yr un peth eto, gyda (3) enw lle, (4) dweud rhywbeth, (5) dweud rhywbeth arall, a (6) beth sy'n digwydd.

Wedyn, agorwch y papur i ddweud stori! "Aeth **Steve** a **Liberace** i'r **Eisteddfod**. Dwedodd **Siôn "Dych chi wedi gwneud y gwaith cartref?"**. Atebodd **Liberace "Brechdan gaws"**. Wedyn, **aethon nhw i nofio yn y Bahamas**".

6. Pedwar Cornel

Mae 10+ o bobl yn gallu chwarae'r gêm hon mewn ystafell fawr. Rhowch rif i bob cornel yn yr ystafell: 1, 2, 3 a 4. Mae un person yn gwisgo mwgwd *(blindfold)*, a phawb arall yn rhedeg i'r corneli. Mae'r person â'r mwgwd yn galw rhif o 1 i 4. *Cornel 4!* → mae pawb yng nghornel **4** allan o'r gêm, a'r bobl eraill yn rhedeg i gornel newydd.

7. Crwban, Crwban, Sgwarnog

Mae pawb yn eistedd mewn cylch, ac un person yn sefyll. Mae e / hi'n cerdded o gwmpas y cylch, yn cyffwrdd â phen pawb ac yn dweud *crwban* bob tro. Yn sydyn, mae e / hi'n gweiddi *sgwarnog!*, ac yn rhedeg o gwmpas y cylch. Rhaid i'r *sgwarnog* godi a rhedeg y ffordd arall o gwmpas y cylch. Mae'r person cyntaf i gyrraedd y gadair yn eistedd, a'r person arall yn mynd o gwmpas y cylch a dweud *crwban*.

8. Maharajah

Mae un person yn chwarae rôl y Maharajah, ac yn dweud: *Dw i eisiau bwyd, dw i eisiau **bwyd**! Ond dw i ddim yn hoffi'r llythyren S. Rho **fwyd** i fi, os gweli di'n dda, **Lesley**!* Rhaid i Lesley ddweud *Dyma **fara menyn** i chi, Maharajah.* Rhaid i chi beidio dweud enw bwyd sy'n cynnwys y llythyren 'S' (e.e. bisgedi, siocled, bresych...). Mae'n bosibl newid y categori: diod, dillad, anifail...

Eitem	Saesneg	Uned	Eitem	Saesneg	Uned	Eitem	Saesneg	Uned
achos	because	44	braich	arm	36	castell neidio	bouncy castle	41
adeiladwr	builder	51	brecio	to brake	42	cawod(ydd)	shower(s)	48
adnabod, nabod	to know (a person)	46	brech goch,	measles	35	cefn	back	35
afon	river	34	y frech goch			cefnogi tîm	to support a team	51
agor	to open	36	brifo	to hurt	36	ceg	mouth	36
agos, agosa(f)	near, nearest	58	bron yn	almost	46	ceiniog	penny	52
angen	need	37	brwsh	brush	37	cenhinen, cennin	leek, leeks	40
am sbel	for a while	48	brysia wella	get well soon	35	cerdyn Visa	Visa card	44
anfon	to send	44	Bryste	Bristol	44	cicio	to kick	34
anffodus,	unfortunate,	46	bwrw cesair	to hail	48	clust	ear	35
yn anffodus	unfortunately		bwthyn	cottage	49	clustdlysau	earrings	51
annwyd	a cold	35	bwyd y môr	seafood	40	clustiau	ears	36
annwyl	dear, cute	34	bwydlen	menu	52	clywed	to hear	43
anrhegion	presents	41	bwydo	to feed	54	cocos	cockles	49
ar dân	on fire	59	byr	short	50	coes	leg	36
ar lan yr afon	on the river bank	49	byrgyr	burger	44	coleg	college	56
ar wyliau	on holidays	46	byth	never	49	côr	choir	38
ar y we, gwe	on the web, web	52	byw	to live	34	cornel	corner	56
aros am	to wait for	43	bywyd	life	47	costio	to cost	52
awr	hour	32	cae	field	37	crac	angry	46
balŵn	balloon	33	caets	cage	34	credu	to believe	54
bandej	bandage	36	call	sensible, wise	48	crïo	to cry	55
barf	beard	50	cân	song	42	croesair	crossword	57
barn	opinion	45	canol	middle, centre	56	crwban	tortoise	60
blanced	blanket	60	canolfan arddio	gardening centre	58	cuddio	to hide, to cover	58
Bobol bach!	Goodness!	36	canolfan hamdden	leisure centre	38	cŵn	dogs	47
bochdew	hamster	33	canslo	to cancel	43	cwningen	rabbit	34
bod	to be	35	capel	chapel	46	cwpan	cup	42
bola	stomach	35	cario	to carry	53	cwrs	course	41
bore ddoe	yesterday morning	38	cas	nasty, mean	45	cwt	hut, coop	34

Eitem	Saesneg	Uned	Eitem	Saesneg	Uned	Eitem	Saesneg	Uned
cwyno	to complain	55	dant	tooth	36	dweud wrth	to tell	43
cychwyn	to depart	54	darn o (gaws)	a piece of (cheese)	40	dweud y gwir	to tell the truth	51
cyfan	whole	52	de	south	48	dwlu ar	to dote on,	46
cyfarfod	meeting	57	de	right	56		to be mad about	
cyfforddus	comfortable	59	deall	to understand	46	dwyrain	east	48
cyffrous	exciting	45	deintydd	dentist	33	Dyfnaint	Devon	44
cyffwrdd â	to touch	60	desg	desk	33	ddim yn gallu	can't stand	51
cyngerdd	concert	57	deuddeg	twelve (o'clock)	32	diodde(f)		
cylchfan	roundabout	56	dewis	to choose	42	ddwywaith	twice	49
cyllell	knife	53	diddordeb	interest	58	e-bostio	to email	54
cymdogion	neighbours	33	digwydd	to happen	42	echdoe	the day before	38
Cymraes	Welshwoman	58	dihuno (deffro)	to wake up (deffro	32		yesterday	
Cymreig	Welsh (food,	47		is more formal)		echnos	the night before last	38
	clothes etc)		dim ond …	only …	40	eglwys	church	38
Cymro	Welshman	58	dinas	city	50	eisiau bwyd	hunger	37
cymryd	to take (tablets etc)	35	dis	die, dice	59	eitem	item	40
cymydog	neighbour	33	disgwyl	to expect	58	erbyn hyn	now (indicates	47
cynffon	tail	60	di-waith	unemployed	58		change)	
cynnar	early	43	diweddar,	recent, recently	37	erioed	ever, never	49
cyntaf	first	60	yn ddiweddar			Esgyrn Dafydd!	Good grief!	36
cyrliog	curly	50	dod â / ag	to bring	41	fan hyn	here (emphatic /	43
cywir	correct	37	dodwy wyau	to lay eggs	34		contrastive)	
chwarter	quarter	32	dolffin	dolphin	33	fel hyn	like this	52
chwerthin	to laugh	55	doniol	funny	45	ffatri	factory	56
chwilio am	to look for	33	drama	drama, play	57	ffeindio	to find	42
chwith	left	56	droeon	many times	49	ffenestr(i)	window(s)	51
dafad	sheep	34	druan â ti	poor you	35	ffliw	'flu	35
damwain	accident	55	drwg	bad	48	ffordd	way	46
dannoedd,	toothache	35	drwy	through	53	Ffrangeg	French (language)	46
y ddannoedd			drwy'r dydd	all day	38	gadael	to leave	54

Eitem	Saesneg	Uned	Eitem	Saesneg	Uned	Eitem	Saesneg	Uned
gaeaf	winter	49	gwres	temperature	35	lawnt	lawn	51
gafr	goat	33	gwyliau	holidays	46	lawr	down	53
gair	word	55	gyferbyn â / ag	opposite	53	ledled	throughout	48
garddwr	gardener	54	gyrrwr ambiwlans	ambulance driver	51	letys	lettuce	34
geiriadur	dictionary	33	haf	summer	49	lifft	lift	51
glan yr afon	the river bank	49	halen	salt	44	lle	place	55
gogledd	north	48	hanes	history, story	59	lle(oedd)	place(s)	58
golau	light	50	hanner	half	32	llinell	line	60
goleuadau	lights	56	hanner dydd	midday	32	lliwgar	colourful	45
golygus	handsome	50	hanner nos	midnight	32	llwnc	throat	35
gollwng	to drop (off)	32	hawdd	easy	49	llwyd	grey	59
gorila	gorilla	33	heb (TM)	without	41	llygad, llygaid	eye(s)	36
gorllewin	west	48	heddlu	police	51	mae hi'n amlwg	it's obvious	60
gorsaf	station	56	hedfan	to fly	34	maes chwarae	playing field, playground	47
grawn	grain	34	heibio i	past	53			
Groeg	Greece	50	helpu	to help	41	maes parcio	car park	56
gwaeth	worse	48	hen bryd, hefyd	about time, too	44	marchnad	market	52
gwanwyn	spring	49	heol	road	56	marw	to die	47
gwario	to spend	55	hetiau papur	paper hats	41	meddygfa	clinic	56
gwau	to knit	53	hoci	hockey	47	meithrinfa	nursery	38
gwe, ar y we	web, on the web	52	hofrennydd	helicopter	42	mêl	honey	35
gweiddi	to shout	55	holi	to ask, to enquire	35	methu	to fail	42
gweithiwr swyddfa	office worker	51	hud	magic	44	mochyn	pig	34
gwella	to improve	48	hwyaden	duck	40	môr	sea	40
gwers	lesson	40	hwyr	late	43	munud	minute	32
gwerthu	to sell	54	hydref	autumn	49	mwgwd	mask, blindfold	60
gwesty	hotel	33	(y bwyd) i gyd	all of (the food)	39	mwstash	moustache	50
Gwlad yr Iâ	Iceland	50	iaith	language	57	mwy (o)	more (of)	54
gwn	gun	53	iâr	hen	34			
gwneud sŵn	to make a noise	34	lan / i fyny	up	53			

Eitem	Saesneg	Uned	Eitem	Saesneg	Uned	Eitem	Saesneg	Uned
mynd â / ag	to take (someone or something somewhere)	32	pasio	to pass	55	pryfed	flies, insects	34
			pecyn	packet	52	prysur	busy	40
			peint	pint	44	punt	pound	52
mynydd	mountain	34	peiriant CD	CD player (machine)	51	pupur	pepper	40
nabod (adnabod)	to know (a person)	46	pell	far	50	pwrs	purse	42
nai	nephew	60	pen	head	35	pwysig	important	51
naid bynji	bungee jump	49	pen	pen	41	recordio	to record	32
Nefoedd!	Heavens!	59	penderfynu	to decide	46	rownd	around	53
neges	message	51	pensiliau lliw	colour pencils	33	rownderi	rounders	36
neis	nice	40	pentre	village	50	rhad	cheap	50
newid	to change	54	(y) penwythnos diwetha(f)	last weekend	38	rhaglenni	programmes	45
nith	niece	60				rhan	part	48
nofel	novel	45	peswch	cough	35	rhegi	to swear	42
nôl	to fetch	59	petrol	petrol	44	rheina (y rheina)	those	52
noson lawen	evening of entertainment	57	peth	thing	37	rhiw	hill, slope	56
			pinc	pink	59	rhwng	between	53
nyth	nest	34	plat	plate	42	rhy + TM	too ...	57
o hyd	still, all the time	47	plygu	to fold, to bend	60	rhydd	free, loose	46
o'r gorau, 'te	all right, then	52	pob rhan o'r wlad	every part of the country	48	rhywle	somewhere	58
oeri	to get cold(er)	48				rhywun	somebody	38
ofn	fear	37	pobl eraill	other people	45	Saesneg	English (language)	58
on'd yw e / hi?	isn't he / she / it?	51	pont	bridge	56	Saesnes	Englishwoman	58
opera sebon	soap opera	49	pop	pop	41	Sais	Englishman	58
p'un? (pa un?)	which (one)?	37	porfa	grass	34	sâl	ill, sick	35
paent wynebau	face paint	41	porffor	purple	59	sawl gwaith?	how many times?	46
pam?	why?	32	pori'r we	to surf the web	49	sefyll	to stand	60
para	to last	48	posibl	possible	60	seiclo	to cycle	53
paratoi	to prepare	39	postmon	postman	54	selsig	sausages	39
parcio	to park	42	potelaid o	a bottle of	52	sesiwn	session	43
parot	parrot	33	pris	price	52	sgrechian	to scream	55

Eitem	Saesneg	Uned	Eitem	Saesneg	Uned	Eitem	Saesneg	Uned
sgwarnog	*hare*	60	taith	*trip, journey*	55	twrci	*turkey*	57
siarad â	*to speak to*	46	tal	*tall*	50	tynnu	*to pull, to remove*	55
siom	*pity, disappointment*	43	talentog	*talented*	45	tynnu llun	*to draw or take*	57
siop bapurau	*newsagent*	38	tân	*fire*	51		*a picture*	
siop ddillad	*clothes shop*	52	tarten afalau	*apple tart*	40	tywyll	*dark*	50
siop fara	*baker's*	52	tawel	*quiet*	50	tywysog	*prince*	60
siop ffrwythau	*grocer's*	52	tecstio	*to text*	60	unarddeg	*eleven (o'clock)*	32
siop lyfrau	*bookshop*	52	tedi	*teddy*	41	unman	*anywhere*	49
siop y cigydd	*butcher's*	52	teigr	*tiger*	33	unwaith	*once*	46
siopwr	*shopper, shopkeeper*	58	teimlo	*to feel*	35	wal	*wall*	53
siwgr	*sugar*	41	teipio	*to type*	57	wedi ymddeol	*retired*	57
'slawer dydd	*long ago*	47	teithio	*to travel*	38	wrth	*by, near*	46
(ers llawer dydd)			tenau	*thin*	50	ŵyr	*grandson*	60
soser	*saucer*	42	tew	*fat*	50	wyres	*granddaughter*	60
sothach	*rubbish*	45	tipyn (o)	*some*	48	y ddannoedd,	*toothache*	35
stabl	*stable*	34	torri	*to break, to cut*	36	dannoedd		
stadiwm	*stadium*	56	tost	*ill, painful*	35	y frech goch,	*measles*	35
stŵr	*row, telling off*	58	traeth	*beach*	38	brech goch		
sut hwyl gest ti?	*how did it go?*	40	tre(f)	*town*	38	ymuno â	*to join*	53
swyddfa	*office*	39	trefn	*order, sequence*	37	yn anffodus,	*unfortunately,*	46
swyddfa bost	*post office*	38	trist	*sad*	46	anffodus	*unfortunate*	
swyddfa'r cyngor	*council office*	56	troed	*foot*	35	yn dal yn braf	*still fine*	48
swyddfa'r heddlu	*police station (office)*	56	troi	*to turn, to stir*	36	yn ddiweddar,	*recently, recent*	37
syched	*thirst*	37	trueni	*(a) pity*	52	diweddar		
sydyn, yn sydyn	*sudden, suddenly*	47	trydanwr	*electrician*	51	yn lle (hynny)	*instead (of that)*	46
symud	*to move*	54	tu ôl i	*behind*	53	ysgol gynradd	*primary school*	59
syrthio	*to fall*	36	tudalen(nau)	*page(s)*	60	ysgol uwchradd	*secondary school*	59
syth	*straight*	50	twlc	*pigsty*	34	ysgwydd	*shoulder*	36
tafarn(au)	*pub(s)*	49	twll	*hole*	34	ystafell fwyta	*dining room*	58
taflu	*to throw*	42	twmpath dawns	*folk dance event*	47			

Patrymau: Golwg gyflym
Patterns at a glance

Y Meddiannol — *Possessives*

		Uned
fy **nhad** i	Treiglad Trwynol	33
dy **dad** di	Treiglad Meddal	25
ei **dad** e	Treiglad Meddal	26
ei **thad** hi	Treiglad Llaes	26
ein **tad** ni		27
eich **tad** chi		25
eu **tad** nhw		27
tad Tom		24

Ar — Uned 35

arna i	
arnat ti	
arno fe	
arni hi	
arnon ni	
arnoch chi	
arnyn nhw	
ar Tom	

i — Uned 54

i fi
i ti
iddo fe
iddi hi
i ni
i chi
iddyn nhw
i Tom

Patrwm

	Uned
Am faint o'r gloch wyt ti'n codi?	32
Dw i'n byw yn Nhon-teg	34
Beth sy'n bod arnat ti?	35
Mae pen tost gyda fi	
Mae'r ffliw arna i	
Beth wyt ti wedi wneud i dy law?	36
Dw i wedi torri fy llaw.	
Es i i'r dre ddoe	38
Gwnes i'r cinio heddiw	39
Ces i bysgodyn i swper	40
Des i â theganau	41
Beth wyt ti'n feddwl o hwn?	45
Wyt ti erioed wedi aros mewn fila?	49
Pa mor aml wyt ti'n nofio?	
Sut wlad yw Groeg?	50
Mae hi'n wlad dwym	
Faint yw pris hwnna?	52
Dych chi ddim yn cael seiclo fan hyn	53
Ewch yn syth 'mlaen	56
Mae Tomos yn gallu rhedeg	57
Dyn ni'n mynd i'r dre i siopa	58

Y Gorffennol — *Past Tense*

MYND Uned 38	GWNEUD Uned 39	CAEL Uned 40	DOD Uned 41	CYSGU (regular) Uned 42/43	
es i	gwnes i	ces i	des i	cysg	-ais i
est ti	gwnest ti	cest ti	dest ti		-aist ti
aeth e/hi	gwnaeth e/hi	cafodd e/hi	daeth e/hi		-odd e/hi
aethon ni	gwnaethon ni	cawson ni	daethon ni		-on ni
aethoch chi	gwnaethoch chi	cawsoch chi	daethoch chi		-och chi
aethon nhw	gwnaethon nhw	cawson nhw	daethon nhw		-on nhw
es i?	_wnes i?	**g**es i?	**dd**es i?	**g**ysgais i?	
es i ddim	_wnes i ddim	**ch**es i ddim	**dd**es i ddim	**ch**ysgais i ddim	

Amherffaith BOD — Uned 46

ro'n i	roeddwn i
ro't ti	roeddet ti
roedd e/hi	roedd e/hi
ro'n ni	roedden ni
ro'ch chi	roeddech chi
ro'n nhw	roedden nhw
o'n i?	oeddwn i?
do'n i ddim	doeddwn i ddim

Rhaid — Uned 54, 55

Rhaid	**i fi fynd**
Does dim rhaid	**i fi fynd**
Oes rhaid	**i fi fynd?**
Rhaid	**i fi** beidio **mynd**

		Meddal *Soft*	**Trwynol** *Nasal*	**Llaes** *Aspirate*
p	→	b	mh	ph
t	→	d	nh	th
c	→	g	ngh	ch
b	→	f	m	-
d	→	dd	n	-
g	→	-	ng	-
ll	→	l	-	-
m	→	f	-	-
rh	→	r	-	-

Rheol *Rule*	**Esiampl** *Example*	**Saesneg** *English*	**Uned** *Unit*

Treiglad Meddal *Soft Mutation*

Mutate EVERYTHING after…

1. these prepositions:

ar	ar **g**adair	*on a chair*	15
(o) dan	(o) dan **f**wrdd	*under a table*	15
o	o **D**refforest	*from Treforest*	22
i	i **R**uthun	*to Ruthin*	23
am	am **b**edwar o'r gloch	*at four o'clock*	32
heb	heb **f**ag	*without a bag*	41

2. *dy* (your) and *ei* (his)

	dy **f**rawd (di)	*your brother*	25
	ei **b**abell (e)	*his tent*	26

3. *neu (or)*

	Coffi neu **d**e?	*Coffee or tea?*	22
	Mynd neu **dd**od?	*Coming or going?*	

4. *dyma/dyna*

	Dyma **l**ew	*Here's a lion*	3
	Dyna **dd**a!	*That's good!*	2

5. *dau/dwy*

	Dau **g**i, dwy **g**ath	*Two dogs, two cats*	16

Rheol	**Esiampl**	**Saesneg**	**Uned**
Rule	*Example*	*English*	*Unit*

(Treiglad Meddal *Soft Mutation*)

Mutate ANY NOUN…

6. after *yn* (unless it begins with *ll* or *rh*)	Dw i'n **f**am	*I'm a mother*	17
7. when it's the object of a short-form verb	Ga' i **f**anana?	*Can I have a banana?*	10
8. after *sut*	Sut **b**erson yw e?	*What sort of person is he?*	50

Mutate a FEMININE NOUN after…

9. *un*	un **b**ont	*one bridge*	16
10. *y, yr, 'r*	y **f**erch	*the girl*	23

Mutate an ADJECTIVE after…

11. *yn*	Mae hi'n _wyntog	*It's windy*	13
12. a feminine noun	Desg **f**ach	*A small desk*	17

Mutate a short-form VERB…

13. when it's a question	_Wnest ti'r gwely?	*Did you make the bed?*	39
14. when it's negative (except p, t, c)	_Wnes i ddim cinio	*I didn't make lunch*	39
15. after *beth*	Beth _wnest ti?	*What did you do?*	39

Treiglad Trwynol *Nasal Mutation*

1. Mutate everything after *fy*	fy **mh**en	*my head*	33
2. Mutate place names and locations after yn	y**m Mh**ontypridd,	*in Pontypridd,*	34
	yng nghanol y dre	*in the middle of town*	

Treiglad Llaes *Aspirate Mutation*

1. Mutate masculine nouns after *tri*	tri **ph**erson	*three persons*	21
2. Mutate everything after *chwe*	chwe **th**eisen	*six cakes*	21
3. Mutate after *ei* (her)	ei **ph**wrs (hi)	*her purse*	27
4. Mutate a negative short-form verb (only verbs starting with p, t, c)	**Ch**es i ddim coffi	*I didn't have coffee*	40
5. Mutate everything after *â* or *gyda*	dod â **th**e, gyda **ph**lentyn	*to bring tea, with a child*	41

149

Acen

www.acen.co.uk

Games, courses, resources and information for learners of Welsh

Arad Goch theatre company

www.aradgoch.org

Arad Goch tours Wales with exciting and relevant theatre projects for children and young people

BBC Learn Welsh

www.bbc.co.uk/wales/learning/learnwelsh

Information on Wales and the Welsh language, courses and resources for learners

Bilingual from Birth

www.bilingualfrombirth.com

Information on raising children bilingually

Bore da (Urdd Gobaith Cymru)

www.urdd.org/boreda

A colourful magazine for Welsh primary school learners, *Bore da* can be ordered on-line

Dewin

www.dewin.co.uk

Online games for small children

Dysgu ar S4/C

www.s4c.co.uk

Learn Welsh with S4/C's programmes and resources for learners

Golwg 360

www.golwg360.com

Wcw, a colourful comic magazine for children aged 3-7 can be purchased on this website (Welsh language only), as well as *Lingo*, a magazine for adult learners of Welsh

Learn Welsh

www.learnwelsh.org

The Welsh Government's website for adults learning Welsh

Mabon a Mabli

www.mabonamabli.co.uk

An on-line shop with resources for parents learning Welsh with their children

Mentrau Iaith Cymru

www.mentrauiaith.com

The Language Initiatives arrange social activities for Welsh speakers and learners

Mudiad Meithrin

www.meithrin.co.uk

A voluntary organisation specialising in Welsh-medium early years provision. Click here for links to the Hwiangerddi nursery rhyme Pod-cast Project and others

Na-nôg

www.na-nog.com

Shop for Welsh books and other resources on-line

Rhieni dros Addysg Gymraeg

www.rhag.net

RhAG (Parents for Welsh-Medium Education) works to improve Welsh-medium education throughout Wales

S4/C

plant.s4c.co.uk

Fun and games for children in Cyw's world!

Say Something in Welsh

www.saysomethinginwelsh.com

Free downloadable Welsh course, support and tips for learners (south Wales Welsh)

Silibili

www.silibili.co.uk

Cool, fashionable and fun clothing and gifts with a Welsh twist for babies and toddlers

Twf

www.twfcymru.com

Information and advice on raising children bilingually

Welsh Books Council / Gwales

www.wbc.org.uk, www.gwales.com

The Welsh Books Council is a Government-funded body promoting reading and literacy. *Gwales* is the Council's on-line bookstore

WJEC

www.wjec.co.uk

Click on Welsh for Adults for information on qualifications and resources. See also link to WJEC on-line shop

Y Bont

www.ybont.org

The national e-learning platform for Welsh for Adults, and a one-stop shop for information on courses, events, training and much more for learners at all levels. There are also opportunities here to network through forums, as well as access to a variety of learning resources

Yr Eisteddfod Genedlaethol

www.eisteddfod.org.uk

Click on Maes D for information on competitions and events for learners at the National Eisteddfod, held every August in a different location in Wales

Nant Gwrtheyrn

www.nantgwrtheyrn.org

Nant Gwrtheyrn in north Wales offers intensive residential Welsh for Adults courses throughout the year

Nodiadau
Notes